KLASSIKER

DR. OETKER

VERLAG

SEIT 1891

VEGAN VON A–Z

DIE DR. OETKER GELING-GARANTIE

UNSER VERSPRECHEN

Liebe Leserin, lieber Leser,

mit den Rezepten in unseren Koch- und Backbüchern möchten wir Sie und Ihre Lieben glücklich machen. Zum Glück braucht es den Erfolg, und den kaufen Sie mit jedem Dr. Oetker Buch gleich mit.

Dafür gibt es die *Dr. Oetker Geling-Garantie*.
Sie ist unser Versprechen, dass alle Rezepte aus diesem Buch ganz einfach und sicher gelingen.
Die Geling-Garantie startet schon bei der Zutatenliste: Alle Zutaten, die wir verwenden, sollten Sie leicht in Ihrem Supermarkt vor Ort einkaufen können. Jeder Zubereitungs-Schritt ist klar und einfach nachvollziehbar.

Eine Garantie können wir Ihnen aber auch deshalb mit gutem Gewissen geben, weil alle Rezepte dieses Buches von unserem erfahrenen Team entwickelt wurden. Anschließend haben wir jedes Gericht in einer ganz normalen Küche nachgekocht oder nachgebacken. Immer wieder. So lange, bis wir uns sicher waren, dass es gelingt. Und zwar auch bei Ihnen zu Hause.

Was wir versprechen, halten wir auch. Sollte beim Kochen oder Backen eines unserer Rezepte dennoch etwas danebengehen oder es Ihnen einfach nicht schmecken, dann lassen Sie es uns wissen. Schreiben Sie oder rufen Sie uns an! Wir werden das Rezept nochmals kritisch prüfen und Ihnen helfen herauszufinden, woran es gelegen haben könnte. Sie erreichen uns unter der Telefonnummer +49 (0) 89 / 54 82 515-0.
Oder schreiben Sie uns eine E-Mail unter:
redaktion-oetker@zsverlag.de

Natürlich freuen wir uns aber auch über weitere Rückmeldungen und auch über Lob.
Ihre Ideen, Kommentare und Fragen können Sie jederzeit auch über Facebook posten:
www.facebook.com/Dr.OetkerVerlag.
Wir sind für Sie da. Garantiert.

Mit herzlichen Grüßen
Ihre Dr. Oetker Redaktion

ALLGEMEINE HINWEISE ZU DEN REZEPTEN

UNSER TIPP

Lesen Sie vor der Zubereitung – besser noch vor dem Einkauf – das Rezept einfach einmal vollständig durch. Aus dem Zusammenhang werden die Zubereitungs-Schritte deutlicher.

PORTIONSANGABEN

Die Anzahl der Portionen finden Sie in jedem Rezept ausgewiesen.

ARBEITSSCHRITTE

Die Zutaten sind in der Reihenfolge ihrer Verarbeitung aufgeführt. Jeder Arbeitsschritt ist einzeln hervorgehoben und extra nummeriert. So haben wir die Rezepte für Sie auch entwickelt und ausprobiert.

ZUBEREITUNGSZEIT UND GARZEIT

Die angegebene Zubereitungszeit schließt die Dauer der Vorbereitung und die eigentliche Zubereitung mit ein. Sie ist ein Anhaltswert und kann je nach individuellem Geschick oder Übung natürlich ein wenig variieren. Längere Wartezeiten wie zum Beispiel Kühl- oder Abkühlzeiten oder auch Auftauzeit sind in der Regel nicht in der Zubereitungszeit enthalten. Einzige Ausnahme: In dieser Zeit sind parallel andere Arbeitsschritte zu tun. Die Garzeiten sind gesondert ausgewiesen. Bei einigen Rezepten setzt sich die Gesamt-Garzeit aus mehreren Teil-Garzeiten zusammen.

BACKOFENEINSTELLUNG UND BACKZEITEN

Die in den Rezepten angegebenen Backtemperaturen und Backzeiten sind Richtwerte, die je nach individueller Hitzeleistung Ihres Backofens über- oder unterschritten werden können. Prüfen Sie nach Beendigung der angegebenen Backzeit, ob das Gericht gar ist, bzw. machen Sie bei Teigen eine Garprobe. Die Temperaturangaben in diesem Buch beziehen sich auf Elektrobacköfen. Die Temperatur-Einstellungsmöglichkeiten für Gasbacköfen variieren je nach Hersteller, sodass wir keine allgemeingültigen Angaben machen können. Bitte beachten Sie deshalb bei der Einstellung des Backofens die Gebrauchsanleitung des Herstellers. Ein Backofenthermometer eignet sich dabei gut, um die Backofentemperatur im Blick zu haben.

EINSCHUBHÖHE

In den Rezepten in diesem Buch ist die Einschubhöhe immer dann die Mitte des Backofens, wenn nichts anderes angegeben ist.

HINWEISE ZU DEN NÄHRWERTEN

Bei den Nährwertangaben in den Rezepten handelt es sich um auf- bzw. abgerundete ganze Werte. Aufgrund von ständigen Rohstoffschwankungen und/oder Rezepturveränderungen bei Lebensmitteln kann es zu Abweichungen kommen. Die Nährwertangaben dienen daher lediglich Ihrer Orientierung und eignen sich nur bedingt für die Berechnung eines Diätplans.

ABKÜRZUNGEN UND SYMBOLE

EL	Esslöffel
TL	Teelöffel
Msp.	Messerspitze
Pck.	Packung/Päckchen
g	Gramm
kg	Kilogramm
ml	Milliliter
l	Liter
evtl.	eventuell
geh.	gehäuft
gestr.	gestrichen
gem.	gemahlen
ger.	gerieben
TK	Tiefkühlprodukt
°C	Grad Celsius
Kalorien-/Nährwertangaben	
E	Eiweiß
F	Fett
Kh	Kohlenhydrate
kcal	Kilokalorie
Symbole	
◷	Zubereitungs-/Backzeit
▲	Mit Alkohol

ANTIPASTI-VARIATIONEN

Zubereitungszeit: 50 Minuten, ohne Ziehzeit
Garzeit: etwa 30 Minuten

ZUTATEN FÜR 4 PORTIONEN

2 Auberginen (etwa 500 g)
500 g kleine Möhren
2 keine Zucchini (etwa 500 g)
250 g braune Champignons, 8 EL Olivenöl
1 Bio-Zitrone (unbehandelt, ungewachst)
20 g abgetropfte Kapern (aus dem Glas)
3 Stängel Minze, 1 rote Chilischote
1 Knoblauchzehe, 1–2 EL weißer Balsamessig
50 g + 1 EL abgetropfte schwarze Oliven, in Scheiben (aus dem Glas)
1 Frühlingszwiebel, 3 Stängel Basilikum

PRO PORTION:

E: 7 g, F: 3 g, Kh: 13 g, kcal: 549

1. Auberginen, Möhren und Zucchini abspülen und abtropfen lassen. Von den Auberginen die Stängelansätze abschneiden. Die Auberginen quer in etwa 5 mm dicke Scheiben schneiden, mit Salz bestreuen und Saft ziehen lassen.

2. Den Backofen vorheizen.
Ober-/Unterhitze: etwa 180 °C
Heißluft: etwa 160 °C

3. Die Möhren putzen, schälen, abspülen und abtropfen lassen. Dünne Möhren in etwa 1 cm dicke Scheiben schneiden. Dicke Möhren zuvor längs halbieren und in etwa ½ cm dicke Scheiben schneiden. Von den Zucchini die Enden abschneiden. Die Zucchini längs halbieren und schräg in 1 cm dicke Scheiben schneiden. Champignons putzen, evtl. kurz abspülen, trocken tupfen und je nach Größe halbieren oder vierteln.

4. Auberginenscheiben mit Küchenpapier abtupfen. Vorbereitetes Gemüse und Champignons nach Sorten getrennt in jeweils 2 Esslöffeln Olivenöl wenden und getrennt voneinander in einem tiefen Backblech verteilen. Das Backblech in den vorgeheizten Backofen schieben. Gemüse und Pilze **etwa 30 Minuten garen**. Zwischendurch einmal wenden.

5. Gemüse und Pilze etwas abkühlen lassen. Möhren, Zucchini und Auberginen in jeweils eine Schüssel geben. Die Zitrone heiß abwaschen, trocken tupfen und etwas Schale fein abreiben. Die Zitrone halbieren und auspressen. Möhren mit etwas Zitronenschale, Salz, 1–2 Esslöffeln Zitronensaft und den Kapern vermengen.

6. Minze abspülen, trocken tupfen, die Blättchen von den Stängeln zupfen und, bis auf einige zum Garnieren, hacken. Gehackte Minze, Salz und 1–2 Esslöffel Zitronensaft mit den Zucchinischeiben vermengen.

7. Chilischote halbieren, entstielen, entkernen und die weißen Scheidewände mit den Kernen entfernen. Schote abspülen und abtropfen lassen. Knoblauch abziehen. Chili und Knoblauch fein hacken und zusammen mit dem Essig und den Olivenscheiben unter die Auberginenscheiben mischen.

8. Frühlingszwiebel putzen, abspülen, abtropfen lassen und schräg in sehr dünne Scheiben schneiden. Basilikum abspülen, trocken tupfen, die Blättchen von den Stängeln zupfen und, bis auf einige zum Garnieren, in Streifen schneiden. Pilze mit dem Sud aus dem Backblech, Frühlingszwiebeln und Basilikumstreifen vermengen. Gemüse und Pilze zugedeckt etwa 2 Stunden bei Zimmertemperatur ziehen lassen.

9. Vorbereitete Gemüse und Pilze mit Salz, Zitronensaft oder Essig und Pfeffer abschmecken, getrennt nach Sorten anrichten und mit restlichen Basilikum- und Minzeblättern garnieren.

ARTISCHOCKENCREME

(IM FOTO HINTEN)

Zubereitungszeit: 25 Minuten, ohne Durchziehzeit

ZUTATEN FÜR 4 PORTIONEN

120 g abgetropfte Artischockenherzen (in Öl)
15 g abgetropfte getrocknete Tomaten (in Öl)
15 g abgetropfte schwarze Oliven, ohne Stein
¼ EL abgetropfte Kapern (aus dem Glas)
1 EL geröstete Pinienkerne
35 g vegane Mayonnaise
35 g Sojajoghurt (natur)
1 kleine Knoblauchzehe
2 Stängel Basilikum
etwas Voll-Rohrzucker

PRO PORTION:

E: 3 g, F: 14 g, Kh: 4 g, kcal: 154

1. Artischocken, Tomaten, Oliven, Kapern und Pinienkerne fein hacken und in einer Schüssel vermischen. 1 Esslöffel davon beiseitelegen.

2. Mayonnaise mit Joghurt glatt rühren. Knoblauch abziehen und durch eine Knoblauchpresse hinzudrücken.

3. Basilikum abspülen, trocken tupfen und die Blättchen von den Stängeln zupfen. Blättchen fein schneiden.

4. Basilikumblättchen und Gemüsemischung unter den Mayonnaise-Joghurt rühren, mit Salz, gemahlenem Pfeffer und Zucker würzen, zugedeckt etwa 30 Minuten in den Kühlschrank stellen.

5. Zum Servieren Artischockencreme nochmals umrühren und mit den Gewürzen abschmecken. Beiseitegelegte Gemüsemischung daraufgeben.

REZEPTVARIANTE:

Für eine **Avocado-Limetten-Creme** (im Foto vorn) ½ reife Avocado (etwa 135 g) entsteinen. Das Fruchtfleisch aus der Schale lösen, in einem Rührbecher etwas zerkleinern. 100 g abgetropften Seidentofu klein schneiden und hinzugeben. 5 große Blätter Zitronenverbene abspülen, trocken tupfen, in Streifen schneiden und in den Rührbecher geben. Die Zutaten fein pürieren. Etwa ½ Teelöffel Schale von ½ Bio-Limette (unbehandelt, ungewachst) fein abreiben, mit der Avocadocreme gut verrühren, mit Salz, gemahlenem Pfeffer und evtl. etwas Limettensaft abschmecken.

TIPP:

Klassischer Joghurt wird aus Milch – Soja-„Joghurt“ entsprechend aus Soja-„Milch“ hergestellt. Und so geht's: Soja-„Milch“ wird mit Milchsäurebakterien angereichert, gerinnt und erhält eine dickliche Konsistenz sowie den typisch leicht-säuerlichen Geschmack. Oft wird Pektin oder Johannisbrotkernmehl beigemischt, damit der Joghurt seine sämige Konsistenz bekommt.

ASIA-PFANNE MIT MÖHREN UND KEIMLINGEN

Zubereitungszeit: 25 Minuten
Bratzeit: 5–8 Minuten

ZUTATEN FÜR 2 PORTIONEN

ZUM VORBEREITEN:

1 EL geschälte Sesamsamen

75 g Zuckerschoten
100 g frische Sojabohnenkeimlinge (ersatzweise aus dem Glas)
1 Möhre
1 kleine rote Paprikaschote
1 EL Sonnenblumenöl
1 walnussgroßes Stück frischer Ingwer
700 g abgetropfte Ananasstücke (natursüß, aus der Dose)
4 EL Ananasflüssigkeit (aus der Dose)
1 gestr. TL Speisestärke
340 g abgetropfte Mini-Maiskolben (aus dem Glas)
1 Msp. 5-Gewürz-Pulver

PRO PORTION:

E: 12 g, F: 11 g, Kh: 74 g, kcal: 473

1. Zum Vorbereiten die Sesamsamen in einem Wok oder in einer großen Pfanne ohne Fett unter Wenden goldbraun rösten und anschließend auf einem Teller erkalten lassen.

2. Von den Zuckerschoten die Enden abschneiden, die Schoten evtl. abfädeln, abspülen und abtropfen lassen. Große Zuckerschoten halbieren.

3. Die Sojabohnenkeimlinge in ein Sieb geben, kurz abspülen und gut abtropfen lassen, evtl. trocken tupfen (Sojakeimlinge aus dem Glas gut abtropfen lassen).

4. Möhre putzen, schälen, abspülen und abtropfen lassen. Möhre längs halbieren und dann schräg in schmale Scheiben schneiden.

5. Paprikaschote halbieren, entstielen, entkernen und die weißen Scheidewände entfernen. Schote abspülen, abtropfen lassen und in grobe Stücke schneiden.

6. Sonnenblumenöl in dem Wok oder in der Pfanne erhitzen. Zuckerschoten, Sojabohnenkeimlinge, Möhrenscheiben und Paprikastücke darin unter gelegentlichem Wenden bei starker Hitze 5–8 Minuten braten.

7. In der Zwischenzeit Ingwer schälen, auf einer Küchenreibe fein reiben oder fein hacken. Von den Ananasstücken 4 Esslöffel Flüssigkeit auffangen. Ingwer, Ananasflüssigkeit und Speisestärke verrühren.

8. Ananasstücke und Maiskölbchen mit dem Gemüse vermengen. Das Gemüse mit 5-Gewürz-Pulver, Salz und gemahlenem Pfeffer würzen. Angerührte Speisestärke hinzugeben, verrühren und alles bei starker Hitze unter Rühren kurz aufkochen lassen. Gemüse nochmals abschmecken, mit geröstetem Sesam bestreut sofort servieren.

BEILAGE:

Naturreis.

TIPP:

Frischer Ingwer lässt sich auch gut durch eine Knoblauchpresse drücken.

AUBERGINEN-NUDEL-AUFLAUF

Zubereitungszeit: 30 Minuten
Garzeit: etwa 40 Minuten

ZUTATEN FÜR 4 PORTIONEN

ZUM VORBEREITEN:

2–3 möglichst große Auberginen (etwa 1,6 kg)
300 g vegane Nudeln, z. B. Penne

FÜR DIE MARINADE:

2 große Knoblauchzehen
1 großes Bund glatte Petersilie
½ Bund frischer Oregano (ersatzweise 1 TL gerebelter Oregano)
140 ml Olivenöl
½ Bio-Zitrone (unbehandelt, ungewachst)
¼ TL getrocknete Chiliflocken

200 g Pflanzencreme zum Kochen
400 g Cocktailtomaten
75 g abgetropfte Kapernäpfel (aus dem Glas)
etwas Olivenöl für die Form
50 g abgetropfte kleine schwarze Oliven, ohne Stein

ZUM BESTREUEN:

50 g veganes Weizenbrot (vom Vortag)
25 g Pinienkerne

PRO PORTION:

E: 19 g, F: 53 g, Kh: 74 g, kcal: 874

1. Zum Vorbereiten Auberginen abspülen, abtrocknen und die Stängelansätze entfernen. Auberginen längs in etwa ½ cm dicke Scheiben schneiden. Die Scheiben nacheinander in einer Pfanne ohne Fett jeweils von beiden Seiten leicht anrösten, herausnehmen und nebeneinander auf eine Platte legen.

2. Die Nudeln in kochendem Salzwasser nach Packungsanleitung bissfest garen. Anschließend die gegarten Nudeln in ein Sieb geben, mit heißem Wasser abspülen und abtropfen lassen.

3. In der Zwischenzeit für die Marinade Knoblauch abziehen und durch eine Knoblauchpresse drücken. Petersilie und Oregano abspülen, trocken tupfen und die Blättchen von den Stängeln zupfen. Blättchen klein schneiden. 100 ml von dem Olivenöl mit den Kräutern und dem Knoblauch verrühren.

4. Die Zitrone heiß abwaschen, abtrocknen und die Schale fein abreiben. Von der Zitronenhälfte den Saft auspressen, mit der Zitronenschale unter die Kräuter-Marinade rühren. Marinade mit Chili und etwas gemahlenem Pfeffer verrühren, dann gleichmäßig auf den Auberginenscheiben verteilen.

5. Die Nudeln mit der Pflanzencreme mischen, mit etwas Salz und Pfeffer würzen und kurz ziehen lassen, bis die Nudeln die Creme etwas aufgesogen haben.

6. In der Zwischenzeit den Backofen vorheizen.
Ober-/Unterhitze: etwa 200 °C
Heißluft: etwa 180 °C

7. Tomaten abspülen, abtrocknen und die Stängelansätze herausschneiden. Tomaten in feine Scheiben schneiden. Von den Kapernäpfel die Stängelansätze entfernen. Die Kapernäpfel halbieren.

8. Die Hälfte der Auberginenscheiben in einer Auflaufform (mit Olivenöl gefettet) gleichmäßig verteilen, mit Salz und Pfeffer würzen. Nudeln, die Hälfte der Tomaten, Oliven und Kapernäpfel mischen, ebenfalls mit Salz und Pfeffer würzen und auf den Auberginenscheiben verteilen. Die restlichen Auberginenscheiben mit der marinierten Seite nach oben darauflegen, mit Salz und Pfeffer würzen. Restliche Tomatenscheiben gleichmäßig darauflegen.

9. Zum Bestreuen das Weizenbrot grob reiben und mit den Pinienkernen sorgfältig vermischen. Die Brot-Pinienkern-Mischung gleichmäßig auf dem Auberginen-Nudel-Auflauf verteilen und mit dem restlichen Olivenöl beträufeln.

10. Die Auflaufform zugedeckt auf dem Rost in den vorgeheizten Backofen schieben. Den Auflauf **etwa 30 Minuten garen.** Dann den Auflauf nicht mehr zugedeckt in **weiteren etwa 10 Minuten knusprig garen.**

AUBERGINENSALAT, GRIECHISCHER

Zubereitungszeit: 90 Minuten
Bratzeit: Auberginen je Portion 3–4 Minuten

ZUTATEN FÜR 12 PORTIONEN

6 Auberginen (etwa 2 ½ kg)
6 Zwiebeln, 6 Knoblauchzehen
600 g Frühlingszwiebeln
1 ¼ kg Tomaten
240 g abgetropfte schwarze Oliven, ohne Stein
etwa 450 ml Olivenöl
6 EL Weißweinessig

PRO PORTION:

E: 4 g, F: 40 g, Kh: 13 g, kcal: 430

1. Die Auberginen abspülen, abtrocknen und die Stängelansätze abschneiden. Auberginen quer in etwa 1 cm dicke Scheiben schneiden, mit Salz bestreuen und etwa 15 Minuten stehen lassen.

2. In der Zwischenzeit Zwiebeln und Knoblauch abziehen, beides fein würfeln. Frühlingszwiebeln putzen, abspülen, abtropfen lassen und in feine Scheiben schneiden.

3. Tomaten abspülen, abtrocknen, halbieren und die Stängelansätze herausschneiden. Tomaten in kleine Würfel schneiden. Die Oliven in Stücke schneiden. Zwiebel-, Knoblauchwürfel, Frühlingszwiebelscheiben, Tomatenwürfel und Oliven in einer großen Schüssel vermischen.

4. Etwa 100 ml vom Olivenöl mit dem Essig verrühren, mit Salz, gemahlenem Pfeffer und Zucker würzen. Die Marinade mit den Salatzutaten gut vermischen. Den Salat zugedeckt durchziehen lassen.

5. Inzwischen jeweils etwa 3 Esslöffel von dem Olivenöl in zwei großen Pfannen erhitzen. Je so viele der Auberginenscheiben mit Küchenpapier trocken tupfen, wie nebeneinander in die Pfannen passen, und in dem Olivenöl von jeder Seite in 3–4 Minuten bei mittlerer bis starker Hitze goldbraun braten.

6. Die gebratenen Auberginenscheiben auf Küchenpapier abtropfen lassen. Die restlichen Auberginenscheiben in dem restlichen Olivenöl auf die gleiche Weise zubereiten.

7. Den Salat nochmals durchmischen und mit den Gewürzen abschmecken. Die Auberginenscheiben leicht überlappend auf 12 Tellern oder einer großen Platten anrichten. Salat darauf verteilen.

BEILAGE:

Frisches oder gegrilltes veganes Fladenbrot.

TIPPS:

Den Salat ziehen lassen lohnt sich. Deshalb kann der Salat etwa 2 Stunden fertig zubereitet sein, bevor sie die Auberginen braten.
Die Auberginen saugen – trotz des Salzens – relativ viel Öl auf. Das Abtropfen auf Küchenpapier verhindert, dass man unnötiges Fett zu sich nimmt.

AVOCADO-KOKOS-SUPPE

◆ Zubereitungszeit: 20 Minuten, ohne Kühlzeit
Röstzeit: Baguette 3–5 Minuten

ZUTATEN FÜR 4 PORTIONEN

3 Knoblauchzehen
1 Bund Koriander
3 kleine, reife Avocados
50 ml Limettensaft
500 ml Kokoswasser (klares Fruchtwasser aus frischen Kokosnüssen; z. B. aus dem Naturkostladen, Reformhaus oder gut sortierten Drogeriemärkten mit Lebensmittel-Sortiment)
feine Chiliflocken
300 g Cocktailtomaten
1–2 kleine Stängel Rosmarin oder 1 EL gerebelter Rosmarin
1 veganes Baguette (etwa 250 g)
4 EL Olivenöl

PRO PORTION:

E: 9 g, F: 30 g, Kh: 49 g, kcal: 500

1. Eine Knoblauchzehe abziehen und klein würfeln. Koriander abspülen, trocken tupfen und einige Stängel zum Garnieren beiseitelegen. Restliche Blättchen von den Stängeln zupfen und grob zerschneiden.

2. Avocados halbieren, entkernen und das Fruchtfleisch aus den Schalen lösen. Avocadofruchtfleisch mit Limettensaft, Koriander und etwa 100 ml kaltem Wasser fein pürieren. Das Kokoswasser untermixen. Die Suppe mit Chiliflocken, Salz und gemahlenem Pfeffer würzen. Die Suppe nach Belieben etwa 1 Stunde in den Kühlschrank stellen und gut durchkühlen lassen.

3. Tomaten abspülen, trocken tupfen, vierteln und die Stängelansätze herausschneiden. Restliche Knoblauchzehen abziehen. Rosmarin abspülen, trocken tupfen und die Nadeln von den Stängeln zupfen. Die Hälfte der Knoblauchzehen und die Rosmarinnadeln klein schneiden und mit den Tomatenspalten vermischen.

4. Baguette in Portionsstücke teilen und aufschneiden. Die Schnittflächen mit der restlichen, halbierten Knoblauchzehe einreiben.

5. Olivenöl in einer beschichteten Pfanne erhitzen. Die Baguettescheiben darin mit den Schnittflächen goldbraun anrösten, herausnehmen und auf Küchenpapier abtropfen lassen.

6. Die Tomatenmischung zum verbliebenen Bratfett in die Pfanne geben und bei starker Hitze kurz durchschwenken. Mit Salz und Pfeffer würzen.

7. Die Suppe nochmals durchmixen, mit den Gewürzen abschmecken und in tiefen Tellern oder Bowls anrichten. Mit den beiseitegelegten Korianderstängeln garnieren. Baguettescheiben mit den Schmortomaten belegen und dazu servieren.

BOHNEN-„FRIKADELLEN“

Zubereitungszeit: 25 Minuten
Bratzeit: etwa 12 Minuten

ZUTATEN FÜR 4 PORTIONEN

FÜR DIE „FRIKADELLEN“:

2 große Zwiebeln (etwa 150 g)
1 Knoblauchzehe
150 g rosé Champignons
1 EL Sojaöl
3 Scheiben veganer Vollkorn-Toast (etwa 85 g)
240 g abgetropfte weiße Bohnenkerne (aus der Dose)
25 g Ei-Ersatzpulver
90 ml Wasser
2 TL Hefeflocken
1 gestr. TL vegane gekörnte Hefebrühe

2 EL Olivenöl zum Braten
je ½ Bund Rosmarin, Basilikum, glatte Petersilie
600 g Tomaten
1 Prise Voll-Rohrzucker

PRO PORTION:

E: 9 g, F: 12 g, Kh: 28 g, kcal: 255

1. Für die „Frikadellen“ Zwiebeln und Knoblauch abziehen und grob würfeln. Champignons putzen, evtl. kurz abspülen und trocken tupfen. Champignons fein würfeln. Sojaöl in einer Pfanne erhitzen. Zwiebel- und Knoblauchwürfel darin goldbraun braten, Champignonwürfel hinzugeben und unter Wenden bei mittlerer Hitze braten, bis die Flüssigkeit verdampft ist. Die Pilz-Zwiebel-Mischung auf einen Teller geben.

2. Toast zerkrümeln. Bohnen in einem Sieb abspülen und abtropfen lassen. Ei-Ersatzpulver mit dem Wasser verschlagen. Bohnenkerne, Hefeflocken und Brühe in einen hohen Rührbecher geben. Die etwas abgekühlte Pilz-Zwiebel-Mischung und die Toastkrümel hinzugeben. Die Zutaten mit einem Pürierstab kurz pürieren. Ei-Ersatz gründlich unterrühren, alles mit gemahlenem Pfeffer und evtl. etwas Salz kräftig würzen.

3. Von dem Olivenöl 1 Esslöffel in einer Pfanne erhitzen. Von der Bohnenmasse mithilfe eines Esslöffels kleine „Frikadellen” in das heiße Olivenöl setzen und etwas flach drücken. Die „Frikadellen“ bei mittlerer bis schwacher Hitze braten, bis sich ein knuspriger Rand an der Unterseite bildet. Dann die „Frikadellen“ vorsichtig wenden und von der anderen Seite ebenfalls braun braten. Die fertig gebratenen „Frikadellen“ zugedeckt auf einem Teller kurz warm halten.

4. Kräuter abspülen, trocken tupfen und die Nadeln bzw. Blättchen von den Stängeln zupfen. Rosmarinnadeln hacken. Basilikum und Petersilie grob zerschneiden. Tomaten abspülen, abtrocknen, halbieren und die Stängelansätze entfernen. Tomaten in grobe Stücke schneiden.

5. Das restliche Olivenöl in dem verbliebenen Bratfett der „Frikadellen“ erhitzen. Rosmarin darin anbraten. Tomatenstücke hinzugeben, mit Salz, Pfeffer und Zucker würzen, bei starker Hitze kurz durchschwenken. Die Tomaten mit den frischen Kräutern bestreuen.

6. Die „Frikadellen“ mit den Tomaten servieren.

BOHNENSUPPE, AMERIKANISCH

Zubereitungszeit: 30 Minuten
Garzeit: etwa 35 Minuten

ZUTATEN FÜR 12 PORTIONEN

300 g Erdnusskerne
3 Bund Frühlingszwiebeln
750 g Staudensellerie
600 g mittelgroße Kartoffeln
150 ml Erdnussöl
1 ½ kg passierte Tomaten
375 ml vegane Gemüsebrühe
2–3 TL gerebelter Thymian
2–3 TL gerebeltes Bohnenkraut
etwa 2 kg abgespülte, abgetropfte Kidneybohnen (aus Dosen)
10–15 Tropfen Tabascosauce
1 Bund glatte Petersilie

PRO PORTION:

E: 27 g, F: 26 g, Kh: 43 g, kcal: 515

1. Die Hälfte der Erdnusskerne mahlen. Restliche Erdnusskerne in einer Pfanne ohne Fett unter Wenden leicht rösten. Auf einem Teller abkühlen lassen.

2. Frühlingszwiebeln und Staudensellerie putzen, abspülen, abtropfen lassen und in etwa 1 cm breite Scheiben schneiden. Kartoffeln schälen, abspülen, abtropfen lassen und in Würfel schneiden.

3. Das Erdnussöl portionsweise in einem großen Topf erhitzen. Frühlingszwiebel-, Selleriescheiben und Kartoffelwürfel darin portionsweise unter Rühren andünsten. Das gedünstete Gemüse mit den gemahlenen Erdnusskernen bestreuen.

4. Passierte Tomaten und Brühe hinzugießen, unter Rühren kurz aufkochen lassen. Thymian und Bohnenkraut unterrühren. Die Suppe etwa 30 Minuten bei schwacher Hitze kochen lassen.

5. Die Kidneybohnen hinzugeben und etwa 5 Minuten miterhitzen. Die Suppe mit Salz, gemahlenem Pfeffer und Tabascosauce abschmecken.

6. In der Zwischenzeit die Petersilie abspülen, trocken tupfen und die Blättchen von den Stängeln zupfen, Blättchen klein schneiden.

7. Die Suppe mit der Petersilie bestreut servieren. Die restlichen Erdnusskerne dazureichen.

TIPP:

Die Bohnensuppe lässt sich gut am Vortag bis einschließlich Punkt 5 zubereiten. Dann die Suppe abkühlen lassen und zugedeckt in den Kühlschrank stellen.

REZEPTVARIANTE:

Sehr lecker schmeckt der amerikanische Bohneneintopf auch, wenn Sie statt der Kartoffeln die gleiche Menge rotfleischige Süßkartoffeln verwenden. Diese wie im Rezept angegeben schälen, abspülen, abtropfen lassen und in Würfel schneiden. Die Garzeit ändert sich dadurch nicht.

BROKKOLI-MANDEL-TARTE

Zubereitungszeit: 50 Minuten, ohne Kühlzeit
Backzeit: 40–45 Minuten

ZUTATEN FÜR 10 STÜCKE

FÜR DEN KNETTEIG:

100 g Weizenmehl (Type 550)
100 g abgezogene, gem. Mandeln
1 EL Melasse-Würz-Hefeflocken
100 g feste vegane Margarine

FÜR DIE FÜLLUNG:

500 g Brokkoli (etwa 250 g Brokkoliröschen)
1 kleine Zwiebel
3 EL Olivenöl
400 g Seidentofu
150 ml ungesüßter Mandeldrink (natur)
1 EL Melasse-Würz-Hefeflocken
ger. Muskatnuss
50 g gehobelte Mandeln

etwas vegane Margarine für die Form

PRO STÜCK:

E: 9 g, F: 21 g, Kh: 12 g, kcal: 276

1. Für den Teig Mehl mit Mandeln, Würz-Hefeflocken und ½ gestrichenen Teelöffel Salz in einer Rührschüssel mischen. Margarine in kleinen Flocken hinzufügen. Die Zutaten mit einem Mixer (Knethaken) zunächst kurz auf niedrigster, dann auf mittlerer Stufe gut durcharbeiten und dabei zum Schluss 2–3 Esslöffel kaltes Wasser hinzufügen. Anschließend auf einer leicht bemehlten Arbeitsfläche kurz zu einem Teig verkneten. Den Teig in Frischhaltefolie gewickelt etwa 1 Stunde in den Kühlschrank legen.

2. Für die Füllung Brokkoli putzen und kleine Röschen vom Strunk schneiden. Strunk schälen. Brokkoliröschen und Strunk abspülen und abtropfen lassen. Von dem Strunk 100 g abwiegen und klein würfeln. Zwiebel abziehen und fein würfeln. Das Olivenöl in einer Pfanne erhitzen. Zwiebel- und Brokkolistrunkwürfel darin andünsten.

3. Den Backofen vorheizen.
Ober-/Unterhitze: etwa 180 °C
Heißluft: etwa 160 °C

4. Den Teig auf der leicht bemehlten Arbeitsfläche zu einer runden Platte (ø etwa 30 cm) ausrollen und in eine Tarteform (ø 28 cm, gefettet) legen, dabei einen kleinen Rand andrücken.

5. Seidentofu in Stücke zupfen, mit Mandeldrink und Würz-Hefeflocken pürieren. Die Tofumasse mit Salz, gemahlenem Pfeffer und Muskatnuss würzen.

6. Brokkoliröschen, Mandeln und die Zwiebelmischung unter die Tofumasse rühren. Die Füllung gleichmäßig auf dem Teig verteilen. Die Form auf dem Rost in den vorgeheizten Backofen schieben. Brokkolitarte **40–45 Minuten backen.**

7. Die Tarte in der Form auf einem Kuchenrost etwas abkühlen lassen und servieren oder erkalten lassen und dann servieren.

TIPP:

Wenn Sie eine Tarteform mit herausnehmbaren Boden verwenden, lässt sich die Tarte nach der Abkühlzeit gut aus der Form lösen. Haben Sie keine entsprechende Form und möchten die Tarte nicht in der Form servieren, legen Sie die Form mit Backpapier aus, das über den Tarterand hinausragt. So können Sie die gebackene Tarte leicht aus der Form heben.

BROTSALAT

Zubereitungszeit: 25 Minuten

ZUTATEN FÜR 4 PORTIONEN

½ Salatgurke oder 2 kleine Gurken
etwa 200 g gemischte Cocktailtomaten (rot, gelb, orange, dunkelrot)
2–3 EL grüne Oliven
½ veganes Weißbrot, z.B. Baguette, Ciabatta
1 Handvoll grüner Salat
1 kleines Bund glatte Petersilie
1 rote Zwiebel
4 TL abgetropfte Kapern (aus dem Glas)

FÜR DIE VINAIGRETTE:

2 Knoblauchzehen, 4 EL Weißweinessig
2 TL mittelscharfer Senf, 8 EL Olivenöl
etwas Agavendicksaft oder anderer veganer Honig-Ersatz

PRO PORTION:

E: 7 g, F: 22 g, Kh: 36 g, kcal: 384

1. Gurke abspülen, trocken tupfen und die Enden abschneiden. Gurke längs halbieren und in etwa 5 mm dicke Scheiben schneiden. Tomaten abspülen, trocken tupfen und die Stängelansätze herausschneiden. Tomaten halbieren. Oliven abtropfen lassen.

2. Das Brot in etwa 1 ½ cm große Würfel schneiden. Salat putzen, abspülen, trocken tupfen und in mundgerechte Stücke zupfen. Petersilie abspülen, trocken tupfen und die Blättchen von den Stängeln zupfen. Zwiebel abziehen, halbieren und in Halbmonde schneiden.

3. Für die Vinaigrette Knoblauch abziehen und mit dem Messerrücken fein zerdrücken. Essig mit Senf und den zerdrückten Knoblauchzehen verrühren. Olivenöl unterschlagen. Die Vinaigrette mit Salz, gemahlenem Pfeffer und Agavendicksaft oder Honig-Ersatz würzen.

4. Alle vorbereiteten Zutaten inklusive Salat und Kapern in einer ausreichend großen Schüssel mischen, mit der Vinaigrette marinieren und servieren.

BROTSALAT MIT GRÜNEN UND WEISSEN BOHNEN

Zubereitungszeit: 30 Minuten
Garzeit: Buschbohnen etwa 8 Minuten

ZUTATEN FÜR 4 PORTIONEN

1 veganes Ciabatta-Brot (vom Vortag)
120 ml weißer Balsamico-Essig
200 g Buschbohnen
250 g abgetropfte weiße Bohnen (aus der Dose)
4 große Tomaten
2 kleine rote Zwiebeln
20 abgetropfte Kalamata-Oliven
2 EL abgetropfte feine Kapern (aus dem Glas)
8 EL Olivenöl
8 Stängel Basilikum

PRO PORTION:

E: 13 g, F: 5 g, Kh: 50 g, kcal: 311

1. Ciabatta in Scheiben schneiden und auf einem Backblech verteilen. Den Essig erhitzen und die Brotscheiben damit tränken.

2. Von den Buschbohnen die Enden abschneiden, evtl. abfädeln. Bohnen abspülen und abtropfen lassen. Buschbohnen in kochendem Salzwasser in etwa 8 Minuten bissfest garen. Anschließend in ein Sieb geben, mit kaltem Wasser abschrecken und abtropfen lassen.

3. Die weißen Bohnen in einem Sieb abspülen und abtropfen lassen.

4. Die Tomaten abspülen, trocken tupfen, halbieren und die Stängelansätze herausschneiden. Tomaten grob würfeln. Die Zwiebeln abziehen und in feine Würfel schneiden.

5. Die Buschbohnen mit den weißen Bohnen, Tomaten-, Zwiebelwürfeln, Oliven und den Kapern in einer Schüssel mischen. Mit Olivenöl, Salz, gemahlenem Pfeffer und etwas Zucker würzen.

6. Die getränkten Brotscheiben in grobe Stücke reißen und unter den Salat heben.

7. Basilikum abspülen, trocken tupfen und die Blättchen von den Stängeln zupfen. Blättchen evtl. grob zerschneiden. Den Salat mit Basilikum bestreuen.

BUCHWEIZEN-GEMÜSE-AUFLAUF

Zubereitungszeit: 45 Minuten
Garzeit: etwa 25 Minuten

ZUTATEN FÜR 4 PORTIONEN

1–2 Stängel Rosmarin
4 Wacholderbeeren
1 Zwiebel (etwa 120 g)
2 Knoblauchzehen
1 Steckrübe (etwa 800 g)
3 EL Olivenöl
250 g Buchweizen
600 ml vegane Gemüsebrühe
1 Stange Lauch (etwa 300 g)
ger. Muskatnuss
175 g Räuchertofu
100 ml Pflanzencreme zum Kochen, z. B. aus Hafer-, Dinkel- oder Soja

PRO PORTION:

E: 20 g, F: 19 g, Kh: 59 g, kcal: 508

1. Rosmarin abspülen, trocken tupfen und die Nadeln von den Stängeln zupfen. Wacholderbeeren im Mörser leicht zerdrücken.

2. Zwiebel und Knoblauch abziehen. Zwiebel in kleine Würfel schneiden, Knoblauch und Rosmarin klein hacken.

3. Die Steckrübe putzen, schälen, abspülen, abtropfen lassen und in etwa 1 ½ cm große Würfel schneiden.

4. Das Olivenöl in einem Topf erhitzen. Zwiebelwürfel, Knoblauch, Rosmarin und Wacholderbeeren darin andünsten. Dann Buchweizen und Steckrübenwürfel hinzugeben und mitdünsten lassen.

5. Alles mit Gemüsebrühe ablöschen, zum Kochen bringen und zugedeckt etwa 10 Minuten bei mittlerer Hitze kochen lassen.

6. In der Zwischenzeit den Backofen vorheizen.
Ober-/Unterhitze: etwa 180 °C
Heißluft: etwa 160 °C

7. Den Lauch putzen, die Stange längs halbieren, gründlich waschen, abtropfen lassen und in etwa 2 cm breite Streifen schneiden. Lauchstreifen zu den Steckrübenwürfeln in den Topf geben und nochmals kurz aufkochen lassen, mit Salz, gemahlenem Pfeffer und Muskat würzen.

8. Die Buchweizen-Gemüse-Masse in eine flache Auflaufform (etwa 2 ½ Liter Inhalt) geben. Tofu in etwa 3 mm dicke Streifen schneiden und darauf verteilen. Den Auflauf mit der Kochcreme beträufeln.

9. Die Form auf dem Rost in den vorgeheizten Backofen schieben. Den Auflauf **etwa 25 Minuten garen.**

BULGUR-GEMÜSE-PFANNE

Zubereitungszeit: 20 Minuten
Garzeit: etwa 20 Minuten

ZUTATEN FÜR 2 PORTIONEN

1 kleine Zwiebel
1 Knoblauchzehe
1 EL Olivenöl
125 g Bulgur
etwa 1 gestr. TL gem. Kreuzkümmel (Cumin)
300 ml vegane Gemüsebrühe
3 Tomaten (etwa 300 g)
½ Bund Frühlingszwiebeln
1 mittelgroße Zucchini
2 EL Olivenöl
1–2 TL Zitronensaft

PRO PORTION:

E: 10 g, F: 17 g, Kh: 55 g, kcal: 416

1. Zwiebel und Knoblauch abziehen, in kleine Würfel schneiden.

2. Das Olivenöl in einem Topf erhitzen. Die Zwiebel- und Knoblauchwürfel darin unter gelegentlichem Rühren bei mittlerer Hitze etwa 2 Minuten dünsten.

3. Bulgur und Kreuzkümmel hinzugeben und unter gelegentlichem Rühren 1–2 Minuten kurz mitdünsten lassen. Die Gemüsebrühe hinzugießen. Die Zutaten zum Kochen bringen und zugedeckt bei schwacher Hitze in etwa 10 Minuten (Packungsanleitung beachten) ausquellen lassen, dabei 2–3-mal umrühren.

4. In der Zwischenzeit die Tomaten kreuzweise einschneiden und mit kochendem Wasser übergießen. Nach 1–2 Minuten herausnehmen und mit kaltem Wasser abschrecken. Die Tomaten häuten,

vierteln, entkernen und die Stängelansätze herausschneiden. Die Tomatenviertel halbieren.

5. Frühlingszwiebeln putzen, abspülen, abtropfen lassen und in feine Scheiben schneiden. Zucchini abspülen, abtrocknen und die Enden abschneiden. Zucchini evtl. längs halbieren, dann quer in Scheiben schneiden.

6. Das Olivenöl in einer großen Pfanne erhitzen. Die Zucchini- und Frühlingszwiebelscheiben darin bei mittlerer bis starker Hitze in 3–4 Minuten leicht anbraten, dabei gelegentlich umrühren.

7. Den gequollenen Bulgur mit den Tomatenstücken in die Pfanne geben, unterrühren und etwa 2 Minuten bei schwacher Hitze darin erwärmen, dabei gelegentlich umrühren. Die Bulgur-Gemüse-Pfanne mit Salz, gemahlenem Pfeffer, Kreuzkümmel und Zitronensaft abschmecken.

BEILAGE:

Servieren Sie dazu einen **Petersilien-Sojajoghurt-Dip.** Dafür 150 g Sojajoghurt (natur) mit 1 gehäuften Teelöffel geschnittener Petersilie (frisch oder TK) und etwas gemahlenem Kreuzkümmel (Cumin) verrühren. Den Dip nach Belieben mit etwas Salz und Pfeffer abschmecken.

BURGER MIT MÖHRENKETCHUP UND SELLERIE-POMMES

Zubereitungszeit: 75 Minuten

ZUTATEN FÜR 4 PORTIONEN

FÜR DEN KETCHUP-DIP:

100 g Zwiebeln, 2 Knoblauchzehen
1 kleines Stück frischer Ingwer (etwa 3 cm)
175 g Möhren
1 EL Olivenöl
1 ½ EL brauner Zucker
1 Lorbeerblatt
je 2 Pimentkörner und Gewürznelken
1 EL Tomatenmark
200 g stückige Tomaten (aus der Dose)
½–1 getrocknete rote Chilischote

FÜR DIE BURGER:

275 g gegarte schwarze Bohnenkerne (aus der Dose)
2 Knoblauchzehen
45 g geschrotete Leinsamen
4 EL warmes Wasser
60 g Sonnenblumenkerne
60 g blütenzarte Haferflocken
30 g Tomatenmark
2 EL vegane Sojasauce
30 g Röstzwiebeln (Fertigprodukt)
Chiliflocken
½ –1 TL geräuchertes Paprikapulver
evtl. etwas gem. Kreuzkümmel (Cumin)
etwas Speiseöl zum Braten

FÜR DIE SELLERIE-POMMES:

900 g Knollensellerie
je etwas Paprikapulver, rosenscharf und edelsüß
etwa 4 EL Speisestärke
etwa 150 ml Speiseöl zum Frittieren
1 EL Ahornsirup

PRO PORTION:

E: 19 g, F: 34 g, Kh: 46 g, kcal: 615

1. Für den Ketchup Zwiebeln und Knoblauch abziehen, fein würfeln. Ingwer schälen und fein hacken. Möhren putzen, schälen, abspülen, abtropfen lassen und in Scheiben schneiden.

2. Olivenöl in einem Topf erhitzen, die vorbereiteten Zutaten darin andünsten. Mit Zucker bestreuen und schmelzen lassen. Salz, gemahlenen Pfeffer, Lorbeerblatt, Piment, Gewürznelken und Tomatenmark hinzugeben und mit andünsten. Alle Zutaten bei schwacher Hitze etwa 10 Minuten dünsten.

3. Dann Tomatenstücke und zerbröselte Chilischote unterrühren. Alles zugedeckt bei sehr schwacher Hitze etwa 30 Minuten kochen lassen.

4. In der Zwischenzeit für die Burger Bohnen in ein Sieb geben, mit kaltem Wasser abspülen und gut abtropfen lassen. Knoblauch abziehen und in feine Würfel schneiden. Mit etwas Salz mischen und zu einer Paste verreiben. Leinsamen in eine Rührschüssel geben, Wasser untermischen und kurz quellen lassen.

5. Sonnenblumenkerne und Haferflocken in einem Blitzhacker fein zerkleinern, zum Leinsamen in die Schüssel geben. Tomatenmark, Sojasauce und Bohnenkerne ebenfalls durchmixen und in die Rührschüssel geben. Röstzwiebeln und Knoblauchpaste unterrühren. Die Masse mit Chili, Paprika, Kreuzkümmel, etwas Salz und Pfeffer würzen und alles gut vermischen.

6. Aus der Bohnenmasse etwa 6 gleich große Portionen abnehmen und zu flachen, etwa 1 cm hohen Burger-Patties formen. Sofern vorhanden dazu eine Burger-Presse verwenden. Burger-Patties zugedeckt etwa 30 Minuten im Kühlschrank quellen lassen.

7. Inzwischen für die Sellerie-Pommes die Sellerieknolle schälen, abspülen, abtropfen lassen und in etwa pommesgroße Streifen schneiden. Sellerie-Pommes mit etwas Salz mischen. So lange stehen lassen, bis der Sellerie Wasser zieht.

8. Etwas Speiseöl in einer beschichteten Pfanne erhitzen. Die Burger darin von jeder Seite in etwa 3 Minuten knusprig kross braten.

9. Sellerie-Pommes mit Küchenpapier trocken tupfen, mit Paprika bestäuben und in einer Schüssel mit der Speisestärke mischen, sodass die Pommes mit Speisestärke fein umhüllt sind.

10. Reichlich Speiseöl in einer Pfanne erhitzen. Die Pommesstreifen portionsweise so in das heiße Fett legen, dass diese nicht übereinanderliegen. Sellerie-Pommes von allen Seiten kross und zartbraun frittieren. Auf Küchenpapier legen und abtropfen lassen.

11. Die Gewürze aus der Ketchupmischung entfernen. Tomaten-Möhren-Mischung fein pürieren. Mit Ahornsirup, Salz und Pfeffer abschmecken.

12. Burger-Patties und Sellerie-Pommes mit dem Ketchup-Dip anrichten.

TIPP:

Der leicht scharfe Tomaten-Möhren-Ketchup eignet sich auch als warme Sauce für Pasta. Dafür den Dip erwärmen, mit 3 Esslöffeln Olivenöl verfeinern und mit 400 g heißer, gegarter Pasta nach Wahl mischen.

CAPONATA

Zubereitungszeit: 90 Minuten
Garzeit: 30–40 Minuten

ZUTATEN FÜR 4 PORTIONEN

1 kleine Stange Staudensellerie
3 große Auberginen
1 Bund Frühlingszwiebeln
3 große Fleischtomaten
2 Knoblauchzehen
1 Topf Basilikum
4 EL Olivenöl
80 g abgetropfte grüne Oliven, ohne Stein (aus dem Glas)
80 g abgetropfte schwarze Oliven, ohne Stein (aus dem Glas)
80 g abgetropfte Kapernäpfel (aus dem Glas)

PRO PORTION:

E: 7 g, F: 17 g, Kh: 17 g, kcal: 287

1. Den Backofen vorheizen.
Ober-/Unterhitze: etwa 160 °C
Heißluft: etwa 140 °C

2. Staudensellerie putzen, abspülen und abtropfen lassen. Auberginen abspülen, abtrocknen und die Stängelansätze entfernen.

3. Frühlingszwiebeln putzen, abspülen, abtropfen lassen. Tomaten abspülen, abtropfen lassen, halbieren und die Stängelansätze herausschneiden. Das vorbereitete Gemüse grob würfeln.

4. Knoblauch abziehen und durch eine Knoblauchpresse drücken. Basilikum abspülen, trocken tupfen und die Blättchen von den Stängeln zupfen.

5. Olivenöl in einem großen, ofenfesten Topf oder Bräter erhitzen, die Gemüsewürfel darin andünsten. Mit Salz und gemahlenem Pfeffer würzen. Knoblauch und Basilikumblättchen unterrühren. Das Gemüse etwa 15 Minuten leicht kochen lassen.

6. Beide Olivensorten und Kapernäpfel zum gedünsteten Gemüse geben. Den Topf oder Bräter auf dem Rost in den vorgeheizten Backofen schieben. Das Gemüse **30–40 Minuten garen.**

TIPP:

Das sizilianische Gemüsegericht kann mit veganem Brot als Hauptgericht serviert werden und passt auch gut als Beilage zu Gegrilltem.

REZEPTVARIANTE:

Für eine **süßsaure Caponata** 2 rote Zwiebeln und 2 Knoblauchzehen abziehen und jeweils in kleine Würfel schneiden. 2 Auberginen (je etwa 200 g) und 1 große Zucchini (etwa 200 g) abspülen, abtrocknen und die Stängelansätze und Enden abschneiden. Auberginen und Zucchini in etwa 1 cm große Würfel schneiden. Je 1 rote und 1 gelbe Paprikaschote halbieren, entstielen, entkernen und die weißen Scheidewände entfernen. Schoten ebenfalls in etwa 1 cm große Würfel schneiden. 4 Esslöffel Olivenöl in einem Topf erhitzen. Zwiebel- und Knoblauchwürfel darin andünsten. Die vorbereiteten Gemüsewürfel portionsweise hinzugeben und mit andünsten. Das Gemüse mit Salz und Pfeffer würzen, dann mit 4 Esslöffeln Weißweinessig ablöschen. 2 Liter Tomatensaft hinzugießen und 100 g Rosinen unterrühren. Die Zutaten zum Kochen bringen und etwa 15 Minuten bei mittlerer Hitze kochen lassen. In der Zwischenzeit etwa 250 g Rispentomaten abspülen, trocken tupfen, in den Eintopf geben und miterhitzen. Eintopf mit Salz, Pfeffer und evtl. etwas Zucker abschmecken. 1 Bund Basilikum abspülen und trocken tupfen. Die Blättchen von den Stängeln zupfen. Blättchen in Streifen schneiden. Caponata mit 100 g gerösteten Pinienkernen und Basilikumstreifen bestreut servieren.

CHIA-FRÜHSTÜCK

◐ Zubereitungszeit: 10 Minuten, ohne Quellzeit

ZUTATEN FÜR 2 PORTIONEN

ZUM VORBEREITEN:

30 g Chia-Samen (aus dem Reformhaus oder Naturkostladen)
250 ml gesüßter Mandeldrink (natur)

FÜR DEN ERDBEER-BANANEN-SALAT:

300–400 g Erdbeeren
etwas frische Minze
1–2 EL Zitronensaft
1 kleine Banane (etwa 130 g)

PRO PORTION:

E: 7 g, F: 8 g, Kh: 28 g, kcal: 248

1. Zum Vorbereiten die Chia-Samen mit dem Mandeldrink in eine Schale geben und sorgfältig verrühren, bis alles gleichmäßig vermischt ist. Die Zutaten mit Frischhaltefolie zugedeckt mindestens 20 Minuten – am besten über Nacht – quellen lassen.

2. Für den Erdbeer-Bananen-Salat kurz vor dem Anrichten die Erdbeeren abspülen, sehr gut abtropfen lassen und entstielen. Erdbeeren in mundgerechte Stücke schneiden. Minze abspülen und trocken tupfen.

3. Erdbeerstückchen mit dem Zitronensaft in einer Schale mischen. Banane schälen, längs halbieren und in Scheiben schneiden. Die Bananen unter die Erdbeeren mischen.

4. Das Chia-Frühstück in Schälchen anrichten. Den Erdbeer-Bananen-Salat daraufgeben und mit der Minze garnieren.

TIPPS:

Sie können den gesüßten Mandeldrink durch gesüßten Reis- oder Kokosdrink ersetzen.
Die Erdbeeren lassen sich durch andere Früchte der Saison austauschen, zum Beispiel durch Himbeeren, Heidelbeeren, Orangen oder Melonen.

REZEPTVARIANTE:

Für einen **Chia-Pudding** (4 Portionen) 500 ml Mandelmilch zusammen mit 70 g Chia-Samen, 1 Teelöffel Vanille-Extrakt und 4 Esslöffeln Ahornsirup in eine Schüssel geben und so lange vermischen, bis die Masse beginnt dicklich zu werden. Die Mischung zugedeckt im Kühlschrank eine Nacht quellen lassen. Vor dem Servieren 400 g Beeren der Saison (Erdbeeren, Himbeeren, Brombeeren, Heidelbeeren) verlesen, evtl. kurz abspülen und gut abtropfen lassen. Die Hälfte der Beeren pürieren. Beerenfruchtmark mit 2 Esslöffeln Ahornsirup abschmecken. Die Chiamasse noch einmal durchrühren, in Portionsgläser füllen und mit Fruchtmark, ganzen Beeren und 8–12 Walnusskernen garnieren.

COUSCOUS-LINSEN-SALAT

Zubereitungszeit: 30 Minuten, ohne Durchziehzeit

ZUTATEN FÜR 4 PORTIONEN

250 g Couscous
vegane Gemüsebrühe
200 g rote Linsen
1 Zwiebel
evtl. 1–2 Knoblauchzehen
2 gelbe Paprikaschoten
1 Bio-Salatgurke
6 Tomaten

FÜR DIE SALATSAUCE:

Saft von 1 Zitrone
2–3 EL Olivenöl
1 Msp. Chilipulver
1 Prise Voll-Rohrzucker

1 Bund Petersilie

PRO PORTION:

E: 23 g, F: 10 g, Kh: 81 g, kcal: 514

1. Couscous nach Packungsanleitung mit der Gemüsebrühe (die auf der Packung angegebene Flüssigkeitsmenge verwenden) zubereiten. Couscous erkalten lassen.

2. In der Zwischenzeit die Linsen nach Packungsanleitung in reichlich Wasser bissfest garen. Die gegarten Linsen in ein Sieb geben, mit kaltem Wasser abspülen, abtropfen, abkühlen lassen und beiseitestellen.

3. Zwiebel und Knoblauch abziehen, fein würfeln. Paprikaschoten halbieren, entstielen, entkernen und die weißen Scheidewände entfernen. Schoten abspülen, abtropfen lassen und klein würfeln.

4. Salatgurke abspülen, abtrocknen und die Enden abschneiden. Gurke längs halbieren. Die Kerne mit einem Teelöffel herausschaben. Gurkenhälften mit der Schale in schmale Streifen schneiden.

5. Die Tomaten kreuzweise einschneiden und mit kochendem Wasser übergießen. Nach 1–2 Minuten herausnehmen und mit kaltem Wasser abschrecken. Tomaten häuten, halbieren und die Stängelansätze herausschneiden. Tomaten entkernen und das Fruchtfleisch in mundgerechte Stücke schneiden.

6. Den Couscous in eine Salatschüssel geben und mit 2 Gabeln etwas auflockern. Die Zwiebel-, Knoblauch- und Paprikawürfel sowie Gurkenstreifen und Tomatenstücke unter den Couscous heben.

7. Für die Sauce Zitronensaft mit Olivenöl verschlagen, mit Salz, gemahlenem Pfeffer, Chili und Zucker würzen. Die Sauce zum Salat geben und gut untermischen. Zuletzt die beiseitegestellten Linsen vorsichtig unterrühren. Couscous-Linsen-Salat gut durchziehen lassen.

8. Vor dem Servieren Petersilie abspülen, trocken tupfen, die Blättchen von den Stängeln zupfen, klein schneiden und unter den Salat geben. Den Salat nochmals abschmecken und servieren.

DINKEL-FRUCHT-MÜSLI

(IM FOTO HINTEN)

Zubereitungszeit: 40 Minuten, ohne Einweichzeit
Keimzeit: 3 Tage

ZUTATEN FÜR 4 PORTIONEN

ZUM VORBEREITEN:

100 g Dinkelkörner

1 Bio-Apfel (etwa 150 g)
einige Tropfen Zitronensaft
400 g Obst der Saison
je 150 g Sojajoghurt mit Zitrone und Sojajoghurt (natur)
2 EL Ahornsirup

PRO PORTION:

E: 8 g, F: 2 g, Kh: 40 g, kcal: 224

1. Zum Vorbereiten Dinkelkörner einige Stunden in kaltem Wasser einweichen und dann in einem Keimgefäß etwa 3 Tage keimen lassen, dabei jeden Tag zweimal gut durchspülen. Gekeimte Körner in 4 Schälchen verteilen.

2. Apfel heiß abwaschen, abtrocknen, achteln und entkernen. Apfelspalten mit Zitronensaft beträufeln.

3. Beliebiges Obst putzen, abspülen, trocken tupfen, klein schneiden und mit den Apfelspalten in den Schälchen verteilen. Beide Sorten Joghurt gut verrühren, mit dem Müsli anrichten und mit Ahornsirup beträufeln.

REZEPTVARIANTEN:

Für ein **Himbeermüsli mit Hirseflocken** (im Foto vorn) 150 g Himbeeren verlesen, evtl. kurz abspülen und trocken tupfen. Anschließend 150 g Sojajoghurt (natur) mit 2–3 Teelöffeln Apfeldicksaft vermischen, mit den Himbeeren in ein Glas schichten und mit 1 Esslöffel gehobelten Haselnusskernen und 2 Esslöffeln Hirseflocken bestreuen.

Für ein **Bircher-Benner-Müsli** (1 Portion) 3 gehäufte Esslöffel kernige Haferflocken, 1 Esslöffel Rosinen und 125 ml Mandeldrink in einer Schale verrühren und etwa 10 Minuten quellen lassen. Inzwischen 6 Walnusskerne fein hacken, anschließend in einer Pfanne ohne Fett unter Wenden hellbraun rösten und auf einen Teller geben. ½ Apfel schälen und das Kerngehäuse entfernen. Den Apfel grob raspeln und sofort unter die Haferflockenmasse mischen. 1 kleine Orange so schälen, dass die weiße Haut vollständig mitentfernt wird. Die Orange in Scheiben schneiden, diese nochmals halbieren oder vierteln. ½ Banane schälen, in Scheiben schneiden und mit den Orangenscheiben unter das vorbereitete Müsli mischen. Das Bircher-Benner-Müsli mit 2–3 Teelöffeln Zitronensaft abschmecken. Das Müsli in einem Schälchen anrichten und mit den Walnusskernen bestreuen.

TIPPS:

Statt Walnusskernen schmecken auch Haselnusskerne oder Mandeln im Müsli.

Nussallergiker können die Nüsse je nach Geschmack durch Kürbiskerne, Sonnenblumenkerne, Leinsamen oder Sesamsamen ersetzen.

ERBSEN-MÖHREN-EINTOPF

Zubereitungszeit: 15 Minuten
Garzeit: etwa 15 Minuten

ZUTATEN FÜR 4 PORTIONEN

2 Zwiebeln
400 g Möhren
200 g Staudensellerie
2 EL Speiseöl
600 g TK-Erbsen oder
frische vorbereitete Erbsen
1,2 l vegane Gemüsebrühe
4 Stängel Liebstöckel
4 geräucherte Tofuwürstchen

PRO PORTION:

E: 22 g, F: 11 g, Kh: 27 g, kcal: 301

1. Die Zwiebeln abziehen und in kleine Würfel schneiden. Möhren putzen, schälen, abspülen, abtropfen lassen und in Scheiben schneiden. Staudensellerie putzen, abspülen, abtropfen lassen und in Würfel schneiden.

2. Das Speiseöl in einem Topf erhitzen. Möhrenscheiben, Selleriewürfel und die Erbsen hinzugeben. Die Zutaten mit Salz und gemahlenem Pfeffer würzen. Gemüsebrühe hinzugießen und alles zum Kochen bringen. Erbsen-Möhren-Eintopf zugedeckt etwa 15 Minuten kochen lassen.

3. In der Zwischenzeit Liebstöckel abspülen, trocken tupfen und die Blättchen von den Stängeln zupfen, Blättchen klein schneiden.

4. Die Tofuwürstchen in mundgerechte Stücke schneiden, in den Eintopf geben und miterhitzen. Liebstöckel unterrühren. Den Erbsen-Möhren-Eintopf anrichten und servieren.

ERBSENSUPPE

Zubereitungszeit: 15 Minuten
Garzeit: etwa 25 Minuten

ZUTATEN FÜR 4 PORTIONEN

250 g mehligkochende Kartoffeln
2 Zwiebeln
2–3 EL Rapsöl
450 g TK-Erbsen oder frische vorbereitete Erbsen
1 l vegane Gemüsebrühe
1 TL gerebelter Majoran
1 EL Voll-Rohrzucker
evtl. 1–2 EL klein geschnittene glatte Petersilie

PRO PORTION:

E: 10 g, F: 7 g, Kh: 27 g, kcal: 215

1. Kartoffeln schälen, abspülen, abtropfen lassen und in grobe Stücke schneiden. Zwiebeln abziehen, halbieren und grob würfeln.

2. Das Rapsöl in einem Topf erhitzen, Zwiebel- und Kartoffelwürfel darin unter Rühren andünsten. Erbsen hinzufügen und die Brühe hinzugießen. Die Zutaten zum Kochen bringen und zugedeckt etwa 25 Minuten bei mittlerer Hitze kochen. Die Suppe anschließend nach Belieben pürieren.

3. Erbsensuppe mit Majoran, Salz, gemahlenem Pfeffer und Zucker abschmecken.

4. Die Suppe nach Belieben mit Petersilie garniert servieren.

TIPPS:

Nach Belieben können Sie die Suppe mit etwas Pflanzencreme zum Kochen verfeinern.
Als Einlage können Sie vegane Croûtons oder kross gebratene Knoblauchscheiben in die Suppe geben.
1 Esslöffel klein geschnittene Kräuter entspricht, je nach Kraut (z. B. Petersilie, Pfefferminze, Kerbel), etwa 5 Stängeln von dem jeweiligen Kraut (vorsichtig abgespült, trocken getupft und klein geschnitten).
Verwenden Sie statt TK-Erbsen 250 g getrocknete Erbsen. Diese müssen in 1 ½ Liter Wasser etwa 1 Stunde gekocht werden, beachten Sie auch die Packungsanleitung.
Anstelle von 1 Liter veganer Gemüsebrühe 800 ml ungesüßte Kokosmilch und 200 ml vegane Gemüsebrühe verwenden. Als Einlage passen dann geröstete Kokosraspel.

ERDBEER-GRANITA

Zubereitungszeit: 15 Minuten, ohne Abkühlzeit
Gefrierzeit: 1–2 Stunden

ZUTATEN FÜR 4 PORTIONEN

125 g Roh-Rohrzucker
500 ml Wasser
400 g Erdbeeren
125 ml Zitronensaft

ZUSÄTZLICH:

1 große flache und gefrierfeste Form (am besten eine Edelstahlschale)

PRO PORTION:

E: 1 g, F: 0 g, Kh: 36 g, kcal: 160

1. Zucker mit Wasser in einem kleinen Topf zum Kochen bringen, bis sich der Zucker vollständig gelöst hat. Zuckerwasser abkühlen lassen.

2. Erdbeeren abspülen, abtropfen lassen, entstielen und in einen hohen Rührbecher geben. Die Erdbeeren mit einem Pürierstab fein pürieren. Den Zitronensaft unterrühren. Zuckerwasser hinzufügen und alles gut glatt rühren.

3. Die Erdbeermasse in eine große, flache und gefrierfeste Form (am besten aus Edelstahl) geben und zugedeckt innerhalb von 1–2 Stunden zu leicht gefrorenem Fruchtsaft anfrieren lassen. Dabei die Erdbeermasse etwa alle 15 Minuten umrühren.

4. Granita vor dem Servieren mit einem Löffel herausschaben und in hohen Gläsern anrichten.

TIPP:

Erdbeer-Granita mit Minze- oder Zitronenmelisseblättchen garniert servieren.

REZEPTVARIANTEN:

Für **Himbeer- oder Johannisbeer-Granita** (4 Portionen) statt Erdbeeren 400 g frische Himbeeren verlesen, kurz abspülen und gut abtropfen lassen. Anschließend die Himbeeren durch ein Sieb streichen, damit die Kerne entfernt werden. Oder 500 g frische rote Johannisbeeren abspülen, gut abtropfen lassen und die Beeren von den Rispen streifen. Johannisbeeren ebenso zunächst pürieren, dann durch ein Sieb streichen. Himbeer- oder Johannisbeermark mit Zitronensaft und Zuckerwasser gut verrühren und gefrieren lassen.

ERDNUSS-GEMÜSEREIS, FEURIG

Zubereitungszeit: 30 Minuten
Garzeit: 11–13 Minuten

ZUTATEN FÜR 4 PORTIONEN

200 g Vollkorn-Schnellkochreis (8–10 Minuten Garzeit)
500 g Möhren
2–3 Stangen Lauch (etwa 480 g)
1,4 kg Spitzkohl (ersatzweise China- oder Weißkohl)
4 TL Sojaöl
4–8 EL vegane Sojasauce
getrocknete Chiliflocken (ersatzweise Cayennepfeffer)
300 ml heiße vegane Gemüsebrühe
40 g geröstete, gesalzene Erdnusskerne

PRO PORTION:

E: 16 g, F: 11 g, Kh: 59 g, kcal: 400

1. Vollkorn-Schnellkochreis in kochendem Salzwasser nach Packungsanleitung garen.

2. In der Zwischenzeit Möhren putzen, schälen, abspülen, abtropfen lassen und in feine Stifte schneiden. Lauch putzen, die Stangen längs halbieren, gründlich waschen, abtropfen lassen und in feine Streifen schneiden. Von dem Spitzkohl die äußeren welken Blätter entfernen. Spitzkohl halbieren und die dicken Blattrippen herausschneiden. Spitzkohl abspülen, abtropfen lassen und in Stückchen schneiden.

3. Sojaöl in einem Wok oder einer großen beschichteten Pfanne erhitzen. Möhrenstifte darin etwa 1 Minute unter Rühren anbraten. Dann Lauchstreifen und Spitzkohlstücke hinzugeben, unter Rühren weitere etwa 2 Minuten mitbraten lassen.

4. Das Gemüse mit etwas Sojasauce oder etwas Salz und Chili oder Cayennepfeffer würzen. Die heiße Brühe zum Gemüse geben und zum Kochen bringen. Das Gemüse zugedeckt 8–10 Minuten unter gelegentlichem Rühren dünsten.

5. Inzwischen die Erdnusskerne fein hacken. Den gegarten Reis evtl. abgießen und mit den Erdnusskernen zum Gemüse geben. Die Zutaten bei starker Hitze unter Rühren vorsichtig vermischen. Gemüsereis mit Sojasauce oder Salz und Chili abschmecken.

FALAFEL AUS GELBEN LINSEN

Zubereitungszeit: 40 Minuten, ohne Einweichzeit
Frittierzeit: etwa 5 Minuten pro Portion

ZUTATEN FÜR 4–6 PORTIONEN (30 STÜCK)

ZUM VORBEREITEN:

175 g gelbe Linsen

FÜR DIE FALAFEL:

50 g Frühlingszwiebeln
2 Knoblauchzehen
1 getrocknetes Kaffir-Limettenblatt
1 Bio-Limette (unbehandelt, ungewachst)
12 Stängel Koriander
2 EL mildes Currypulver
1 EL Sambal Oelek

FÜR DEN MANGO-DIP:

75 g Mango-Fruchtfleisch (vorbereitet gewogen)
20 g frischer Ingwer
150 g Cocktailtomaten
1 EL geröstetes Sesamöl
4 Basilikumblättchen

ZUM FRITTIEREN:

1 l Sonnenblumenöl

PRO PORTION:

E: 10 g, F: 11 g, Kh: 27 g, kcal: 245

1. Zum Vorbereiten die Linsen über Nacht in reichlich kaltem Wasser einweichen.

2. Am nächsten Tag die Linsen in ein Sieb geben und abtropfen lassen.

3. Für die Falafel Frühlingszwiebeln putzen, abspülen, abtropfen lassen und in feine Scheiben schneiden. Knoblauch abziehen und grob würfeln. Das Kaffir-Limettenblatt fein zerbröseln.

4. Die Limette heiß abwaschen, abtrocknen und die Schale fein abreiben. Die Limette beiseitelegen. Koriander abspülen, trocken tupfen und die Blättchen von den Stängeln zupfen. Blättchen grob zerschneiden.

5. Linsen, Frühlingszwiebelscheiben, Knoblauchwürfel, Kaffir-Limettenblatt, Limettenschale und Koriander in einen hohen Rührbecher geben. 4 Esslöffel Wasser, Curry, Sambal Oelek und Salz hinzufügen. Die Zutaten mit einem Pürierstab zu einer groben Paste pürieren.

6. Für den Dip das Mango-Fruchtfleisch in feine Würfel schneiden. Ingwer schälen und sehr fein würfeln. Die beiseitegelegte Limette halbieren, den Saft auspressen und 3 Esslöffel davon abmessen. Tomaten abspülen, abtrocknen, halbieren und die Stängelansätze herausschneiden. Tomatenhälften klein schneiden.

7. Die Mangowürfel mit Ingwerwürfeln, abgemessenem Limettensaft und Tomatenstücken in eine Schüssel geben. Das Sesamöl unterrühren.

8. Basilikumblättchen abspülen, trocken tupfen, fein schneiden und unter den Mango-Dip rühren.

9. Das Speiseöl in einer Fritteuse auf etwa 175 °C erhitzen. Aus der Linsenmasse mit 2 Teelöffeln insgesamt 30 kleine, längliche Klößchen formen. Die Klößchen in dem heißen Speiseöl portionsweise jeweils etwa 5 Minuten goldbraun ausbacken.

10. Die fertigen Falafel mit einem Schaumlöffel herausnehmen und auf Küchenpapier abtropfen lassen. Die Falafel warm mit dem Mango-Dip servieren.

FLADENBROT, ORIENTALISCH

Zubereitungszeit: 20 Minuten
Aufbackzeit: etwa 6 Minuten

ZUTATEN FÜR 4 PORTIONEN

100 g abgetropfte Kichererbsen (aus der Dose)
2 Römersalatherzen (etwa 300 g)
2 kleine Orangen (etwa 450 g)
8 Stängel Minze
½ Granatapfel
1 türkisches veganes Fladenbrot (etwa 400 g)
200 g Hummus (aus dem Glas)
2 EL Olivenöl
Saft von 1 Zitrone
Cayennepfeffer

PRO PORTION:

E: 16 g, F: 12 g, Kh: 69 g, kcal: 459

1. Den Backofen vorheizen.
Ober-/Unterhitze: etwa 180 °C
Heißluft: etwa 160 °C

2. Die Kichererbsen in einem Sieb abspülen und abtropfen lassen. Die Römersalatherzen putzen, abspülen, abtropfen lassen und in etwa 1 cm breite Streifen schneiden.

3. Die Orangen so schälen, dass die weiße Haut mitentfernt wird. Orangen in dünne Scheiben schneiden. Die Minze abspülen, trocken tupfen und die Blättchen von den Stängeln zupfen, Blättchen grob zerschneiden.

4. Aus der Granatapfelhälfte die Kerne vorsichtig herauslösen. Die weißen Trennwände entfernen. Kichererbsen, Römersalat, Orangenscheiben, Minze und Granatapfelkerne in einer Schüssel vermischen.

5. Das Fladenbrot auf ein Backblech (mit Backpapier belegt) legen. Das Backblech in den vorgeheizten Backofen schieben. Das Fladenbrot **etwa 6 Minuten aufbacken.**

6. Das Fladenbrot vom Backblech nehmen und dann vierteln. In die Fladenbrotstücke jeweils eine Tasche schneiden. Dann Hummus in den Taschen verstreichen.

7. Den Salat mit Olivenöl, Zitronensaft, Salz und Cayennepfeffer würzen und in den Taschen verteilen.

TIPPS:

Granatäpfel bekommt man vor allem im Winter zu kaufen: Sie werden in Vorderasien und im mediterranen Raum angebaut und von September bis Dezember geerntet. Die Kerne schmecken herb und süß und zugleich sauer.
Ein Trick, um die Kerne einfacher herauszulösen: Die Granatapfelhälfte über einem Sieb im Waschbecken ausklopfen. Dafür mit einem Kochlöffel kräftig auf die Schale klopfen.
Im Sommer oder wenn Sie keine Granatäpfel bekommen, können Sie stattdessen auch in Scheiben geschnittene blaue Weintrauben verwenden.

„FRIKADELLEN“ ZU SPITZKOHL-SALAT

Zubereitungszeit: 35 Minuten, ohne Durchziehzeit
Bratzeit: 4–5 Minuten

ZUTATEN FÜR 4 PORTIONEN

FÜR DEN SALAT:

750 g Spitz- oder junger Weißkohl
2–3 EL Limettensaft (frisch gepresst)
1 kleine rote Chilischote

FÜR DIE VEGANEN „FRIKADELLEN“:

240 g abgetropfte, gegarte Kichererbsen (aus der Dose)
75 g geröstete, gesalzene Erdnusskerne
4 EL Zitronensaft
½ Bund glatte Petersilie
2 Stängel Thymian
3 EL Hartweizengrieß
2 EL Hefeflocken
Paprikapulver edelsüß

1 TL feiner brauner Zucker
3 EL Olivenöl
1 reife, mittelgroße Papaya- oder Mango
2 Frühlingszwiebeln
75 g geröstete, gesalzene Erdnusskerne

etwa 100 ml Olivenöl zum Braten
evtl. Asiasauce (aus dem Glas)

PRO PORTION:

E: 21 g, F: 41 g, Kh: 33 g, kcal: 614

1. Für den Salat den Spitzkohl putzen, halbieren und den Strunk herausschneiden. Spitzkohl abspülen, abtropfen lassen und in sehr feine Streifen hobeln oder schneiden, dabei die dicken Blattansätze und Rippen entfernen. Die Kohlstreifen in eine Schüssel geben. Etwa 1 Teelöffel Salz, gemahlenen Pfeffer und 2 Esslöffel Limettensaft hinzugeben und alles gründlich durchkneten. Chili putzen, Kerne und weiße Scheidewände entfernen. Chili abspülen, trocken tupfen und in feine Streifen schneiden. Chili unter den Kohl mischen. Zugedeckt mindestens 1 Stunde ziehen lassen.

2. Für die „Frikadellen“ Kichererbsen und Nusskerne portionsweise in einen Blitzhacker geben, grob pürieren und in eine Schüssel geben. Mit Zitronensaft beträufeln.

3. Die Kräuter abspülen, trocken tupfen und die Blättchen von den Stängeln zupfen. Blättchen klein schneiden. 1 Esslöffel Grieß, Hefeflocken, Kräuter, Salz, Pfeffer und Paprika zu der Nuss-Kichererbsen-Mischung geben, alles gut verkneten.

4. Aus dem Teig mit angefeuchteten Händen etwa 8 „Frikadellen“ formen. Auf einen Teller geben und zugedeckt etwa 10 Minuten quellen lassen.

5. Für den Salat restlichen Limettensaft, Salz, Pfeffer, Zucker und Olivenöl zum Kohl geben und alles gut vermischen. Von der Papaya oder Mango das Fruchtfleisch vom Stein schneiden und schälen. Frühlingszwiebeln putzen, abspülen, abtropfen lassen und in Scheiben schneiden. Papaya- oder Mangofruchtfleisch würfeln. Erdnüsse grob hacken. Vorbereitete Salatzutaten unter den Kohl mischen, abschmecken.

6. Restlichen Grieß auf einen flachen Teller geben. Das Olivenöl in einer großen beschichteten Pfanne erhitzen. Die „Frikadellen“ im Grieß wenden und in dem heißen Olivenöl von beiden Seiten in 4–5 Minuten knusprig braun braten.

7. Den marinierten Kohl nochmals mit den Gewürzen abschmecken. Kohlsalat und „Frikadellen“ nach Belieben mit einer scharfen Asiasauce anrichten.

BEILAGE:

Bratreis.

GARTENGEMÜSE-EINTOPF

● Zubereitungszeit: 25 Minuten
Garzeit: 20–25 Minuten

ZUTATEN FÜR 4 PORTIONEN

FÜR DEN EINTOPF:

240 g abgetropfte weiße Bohnenkerne (aus der Dose)
1–2 Stängel Zitronengras (aus dem Asialaden oder gut sortierten Lebensmittelgeschäften)
2 Knoblauchzehen
2 Zwiebeln
300 g junge Möhren
1 mittelgroßer Kohlrabi (etwa 450 g)
6 EL Olivenöl
800 ml vegane Gemüsebrühe
1 Lorbeerblatt
250 g Brokkoli
150 g Zuckerschoten

4 dickere Scheiben veganes Brot (nach Geschmack, etwa Holzofenbrot oder Baguette)

FÜR DIE KRÄUTER-AIOLI:

2 Knoblauchzehen
125 g vegane Mayonnaise
Schale und Saft von ½ Bio-Zitrone (unbehandelt, ungewachst)
je einige Stängel Basilikum, glatte Petersilie und Dill

ger. Muskatnuss

PRO PORTION:

E: 17 g, F: 36 g, Kh: 42 g, kcal: 573

1. Für den Eintopf Bohnenkerne abspülen und gut abtropfen lassen. Das Zitronengras putzen und die äußeren Blätter ablösen. Die Stängel abspülen, abtropfen lassen, in Stücke schneiden und mit einem Fleischklopfer plattieren.

2. Knoblauch und Zwiebeln abziehen, in Würfel schneiden. Möhren putzen, nach Belieben schälen, abspülen, abtropfen lassen und in Scheiben schneiden. Kohlrabi putzen, schälen, abspülen, abtropfen lassen und in Stifte schneiden.

3. In einem Topf 3 Esslöffel Olivenöl erhitzen. Knoblauch- und Zwiebelwürfel darin andünsten. Möhrenscheiben und Kohlrabistifte hinzugeben und kurz mit andünsten. Mit der Gemüsebrühe auffüllen. Zitronengras, Salz, gemahlenen Pfeffer und Lorbeerblatt hinzugeben. Die Zutaten zum Kochen bringen und bei schwacher Hitze etwa 10 Minuten kochen lassen.

4. In der Zwischenzeit Brokkoli putzen, in Röschen teilen, dicke Stiele schälen und in Stücke schneiden. Brokkoli abspülen und abtropfen lassen. Von den Zuckerschoten die Enden abschneiden, evtl. abfädeln. Zuckerschoten abspülen, abtropfen lassen und in Stücke schneiden.

5. Bohnenkerne und Zuckerschoten zum Eintopf in den Topf geben und gut untermischen. Nach etwa 5 Minuten den Brokkoli hinzufügen. Den Eintopf weitere 5–10 Minuten bei schwacher Hitze kochen lassen.

6. Brot in Stücke schneiden. Restliches Olivenöl portionsweise in einer Pfanne erhitzen. Die Brotstücke darin von beiden Seiten goldbraun anrösten. Auf Küchenpapier abtropfen lassen.

7. Für die Aioli Knoblauch abziehen, in feine Würfel schneiden und mit etwas Salz bestreuen. Kurz ziehen lassen. Knoblauch fein zerreiben.

8. Knoblauch, vegane Mayonnaise und Zitronenschale glatt verrühren. Mit Salz und Pfeffer abschmecken. Kräuter abspülen, trocken tupfen und die Blättchen bzw. Spitzen von den Stängeln zupfen. Kräuter klein schneiden.

9. Den Eintopf mit Salz, Pfeffer, Zitronensaft und 1 Prise Muskat abschmecken. In vorgewärmten tiefen Tellern anrichten. Die Aioli mit den Kräutern verrühren, auf dem Brot verteilen und zum Eintopf reichen.

TIPPS:

Eine **vegane Mayonnaise** lässt sich auch einfach selbst herstellen. Dazu 75 ml Sojadrink (natur, zimmerwarm), etwas Salz, Pfeffer, ½ Teelöffel veganen Senf, 1 Teelöffel frisch gepressten Zitronensaft und 100 ml Soja-, mildes Oliven- oder Distelöl in einen hohen Mixbecher geben. Einen Pürierstab bis zum Boden in den Mixbecher einstellen, einschalten und alles zu einer cremig dicklichen Mayonnaise mixen.
Der Eintopf lässt sich auch prima einfrieren, deshalb ggf. gleich eine größere Menge davon zubereiten.

GAZPACHO

Zubereitungszeit: 30 Minuten, ohne Kühlzeit

ZUTATEN FÜR 6 PORTIONEN

100 g veganes Weißbrot (vom Vortag)
1 rote Paprikaschote (etwa 150 g)
1 Salatgurke (etwa 300 g)
2 Schalotten, 2 Knoblauchzehen
1 Tomate
800 g geschälte Tomaten (aus der Dose)
80 ml Olivenöl
4 EL Weißwein- oder Sherryessig
2 Msp. Chiliflocken

PRO PORTION:

E: 4 g, F: 17 g, Kh: 14 g, kcal: 228

1. Für die Suppe das Weißbrot mindestens 10 Minuten in kaltem Wasser einweichen.

2. In der Zwischenzeit Paprikaschote halbieren, entstielen, entkernen und die weißen Scheidewände entfernen. Schote abspülen und abtropfen lassen. Die Gurke schälen und die Enden abschneiden. Schalotten und Knoblauch abziehen. Tomate abspülen, abtropfen lassen, halbieren und den Stängelansatz herausschneiden.

3. Tomate entkernen und klein würfeln. Ebenso ein Viertel der Paprikaschote und ein Drittel der Gurke klein würfeln und als Einlage beiseitelegen. Restliches Gemüse grob würfeln.

4. Tomaten aus der Dose mit der Flüssigkeit in eine Rührschüssel geben. Das eingeweichte Weißbrot ausdrücken, mit Olivenöl, Essig und dem grob gewürfelten Gemüse hinzugeben.

5. Die Zutaten mit einem Pürierstab pürieren, bis eine cremige Suppe entstanden ist. Evtl. die Suppe mit etwas Wasser verdünnen.

6. Gazpacho mit Salz, gemahlenem Pfeffer und Chiliflocken würzen und zugedeckt bis zum Servieren in den Kühlschrank stellen.

7. Gazpacho in tiefen Tellern oder Bowls verteilen und mit den beiseitegelegten Gemüsewürfeln garnieren.

GEMÜSE-CARPACCIO

Zubereitungszeit: 40 Minuten
Garzeit: Zuckerschoten 2–3 Minuten

ZUTATEN FÜR 8 PORTIONEN

FÜR DAS GEMÜSE:

150 g Möhren
750 g grüner Spargel
½ Bund Frühlingszwiebeln
200 g Zuckerschoten
250 g mittelgroße Tomaten

FÜR DAS DRESSING:

½ Topf Kerbel
½ Bund glatte Petersilie
2 Schalotten
50 ml weißer Balsamico-Essig
3 EL Orangensaft (frisch gepresst)
1 EL Agavendicksaft
100 ml Traubenkern- oder Nussöl

PRO PORTION:

E: 3 g, F: 13 g, Kh: 11 g, kcal: 179

1. Für das Gemüse Möhren putzen, schälen, abspülen und abtropfen lassen. Von dem grünen Spargel nur das untere Drittel schälen und die Enden abschneiden. Spargel abspülen und abtropfen lassen. Möhren längs in dünne Scheiben schneiden, Spargel längs halbieren.

2. Die Frühlingszwiebeln putzen, abspülen, abtropfen lassen und in sehr dünne Scheiben schneiden.

3. Von den Zuckerschoten die Enden abschneiden, evtl. abfädeln. Zuckerschoten abspülen, abtropfen lassen und in kochendem Salzwasser 2–3 Minuten garen. Die Zuckerschoten in ein Sieb geben, mit eiskaltem Wasser abschrecken und abtropfen lassen. Die Zuckerschoten nach Belieben halbieren.

4. Die Tomaten kreuzweise einschneiden und mit kochendem Wasser übergießen. Nach 1–2 Minuten herausnehmen und mit kaltem Wasser abschrecken. Tomaten häuten, halbieren, entkernen und die Stängelansätze herausschneiden. Tomatenhälften in Spalten schneiden.

5. Für das Dressing Kerbel und Petersilie abspülen, trocken tupfen und die Blättchen von den Stängeln zupfen. Etwa die Hälfte der Blättchen klein schneiden. Restliche Blättchen zum Garnieren beiseitelegen.

6. Schalotten abziehen und in kleine Würfel schneiden. Essig mit Orangensaft und Agavendicksaft verrühren, mit Salz und gemahlenem Pfeffer würzen. Das Öl unterschlagen. Schalotten und klein geschnittene Kräuter unterrühren.

7. Spargel, Möhrenscheiben, Zuckerschoten und Frühlingszwiebelscheiben auf einer großen Platte anrichten. Das Gemüse mit etwa zwei Dritteln des Dressings beträufeln. Die Tomatenspalten darauf verteilen. Das Gemüsecarpaccio mit den beiseitegelegten Kerbel- und Petersilienblättchen garnieren. Restliches Dressing dazureichen.

ENJOY
the little
THINGS

GEMÜSE-CHIPS MIT GUACAMOLE

Zubereitungszeit: 70 Minuten
Frittierzeit: 3–5 Minuten

ZUTATEN FÜR 4 PORTIONEN

FÜR DIE GEMÜSE-CHIPS:

800–900 g Gemüse, z. B. 3 Petersilienwurzeln (etwa 200 g), 2 Möhren (etwa 200 g), 1 Süßkartoffel (etwa 230 g)

FÜR DIE GUACAMOLE:

1 Schalotte, 1 Knoblauchzehe
1 Avocado
Saft von 1 Limette
evtl. etwas Cayennepfeffer

etwa 700 ml Erdnuss- oder Sonnenblumenöl

PRO PORTION:

E: 4 g, F: 33 g, Kh: 20 g, kcal: 411

1. Für die Gemüse-Chips die Petersilienwurzeln putzen, schälen, abspülen und abtropfen lassen. Die Möhren putzen, schälen, abspülen und abtropfen lassen. Süßkartoffel schälen, abspülen und abtropfen lassen.

2. Das Gemüse portionsweise mit dem Gemüsehobel oder dem Sparschäler in dünne Scheiben bzw. Streifen schneiden und beiseitelegen.

3. Für die Guacamole die Schalotte und den Knoblauch abziehen. Beides grob würfeln und in einen Rührbecher geben. Avocado längs halbieren. Die beiden Hälften gegeneinanderdrehen. Den Stein entfernen. Das Fruchtfleisch mit einem Löffel aus den Schalen heben und ebenfalls in den Rührbecher geben. Limettensaft und ½ gestrichenen Teelöffel Salz hinzufügen. Die Zutaten mit dem Pürierstab zu einem glatten Dip pürieren. Guacamole mit Salz und evtl. Cayennepfeffer abschmecken. Dann sofort mit Frischhaltefolie belegen, so bleibt der Dip grün. Guacamole bis zum Servieren in den Kühlschrank stellen.

4. In einem Topf das Erdnuss- oder Sonnenblumenöl auf etwa 175 °C erhitzen, sodass sich um einen in das Öl gehaltenen Holzlöffelstiel Bläschen bilden. Die Gemüsescheiben darin portionsweise nach und nach zu knusprigen Chips ausbacken. Die Chips jeweils mit einem Schaumlöffel aus dem Topf nehmen und zum Abtropfen auf Küchenpapier legen. Die Gemüse-Chips nach Belieben mit etwas Salz würzen. Den Avocado-Dip dazureichen.

REZEPTVARIANTE:

Als Dip eignet sich ebenso eine **scharfe Tomatensalsa:** Hierfür 1 kleine Zwiebel und 1 Knoblauchzehe abziehen und beides fein würfeln. 1 kleine Peperoni längs halbieren, Scheidewände und Kerne mit einem spitzen Messer entfernen. (Peperoni und Chili brennen in den Augen und an den Händen, wenn man die Kerne und Scheidewände berührt. Deshalb beides mit einem spitzen Messer entfernen und danach möglichst sorgfältig die Hände waschen.) Die Peperonihälften abspülen, abtrocknen und das Fruchtfleisch in kleine Würfel schneiden. 4 mittelgroße Tomaten (etwa 400 g) abspülen, abtrocknen, in dünne Scheiben schneiden und dabei die Stängelansätze herausschneiden. Tomaten in kleine Würfel schneiden. 1 Esslöffel Olivenöl in einem kleinen Topf erhitzen, die Zwiebel-, Knoblauch- und Peperoniwürfel darin unter gelegentlichem Rühren andünsten. Jeweils 1 Teelöffel Paprikapulver edelsüß und Tomatenmark hinzufügen und beides kurz mit anrösten. Tomatenwürfel hinzugeben, das Ganze aufkochen lassen und zugedeckt bei mittlerer Hitze etwa 15 Minuten kochen lassen. Dabei gelegentlich umrühren. Den Topf von der Kochstelle nehmen. Die Tomatensalsa mit Salz, gemahlenem Pfeffer und 1 Prise Roh-Rohrzucker würzen. 1 ½ Teelöffel TK-Basilikum unterrühren und alles etwa 30 Minuten abkühlen lassen. Mit ½ Teelöffel Harissa (scharfe Gewürzpaste) abschmecken.

GEMÜSE-QUICHE MIT KNUSPER-BLITZTEIG

Zubereitungszeit: 25 Minuten
Backzeit: etwa 40 Minuten

ZUTATEN FÜR 4–6 PORTIONEN

FÜR DEN BELAG:

700 g kleine, feste Zucchini
1 Zwiebel, 2 Knoblauchzehen

FÜR DEN QUICHE-TEIG:

240 g Weizenmehl
1 gestr. TL Backpulver
80 ml Pflanzenöl
etwas vegane Margarine für die Form

4 EL Olivenöl
4 Stängel Basilikum
200 g Seidentofu
1 TL Sesam- oder Cashewmus
1 TL Speisestärke
140 g abgetropfter Gemüsemais (aus der Dose)
3 mittelgroße Tomaten (etwa 300 g)
3–4 Blätter Salbei
25 g Pinienkerne

PRO PORTION:

E: 16 g, F: 36 g, Kh: 57 g, kcal: 629

1. Für den Belag Zucchini abspülen, abtrocknen und die Enden abschneiden. Zucchini in feine Scheiben schneiden. Zwiebel und Knoblauch abziehen, ebenfalls in feine Scheiben schneiden.

2. Für den Teig Mehl mit Backpulver in einer Rührschüssel mischen. 1 Teelöffel Salz und 1 Prise Zucker untermischen. Pflanzenöl mit 80 ml warmem Wasser mischen und hinzugeben. Die Zutaten mit einem Mixer (Knethaken) kurz zu einem glatten Teig verkneten.

3. Den Teig auf einer leicht bemehlten Arbeitsfläche zu einer runden Platte (ø etwa 30 cm) ausrollen. Die Teigplatte in eine Quiche-, Tarte- oder Springform (ø 26 cm, gefettet, mit Backpapier belegt) legen und dabei einen 3–4 cm hohen Rand formen. Den Boden mit einer Gabel mehrmals einstechen. Die Form in den Kühlschrank stellen.

4. Den Backofen vorheizen.
Ober-/Unterhitze: etwa 200 °C
Heißluft: etwa 180 °C

5. In der Zwischenzeit für den Belag 2 Esslöffel Olivenöl in einer großen Pfanne erhitzen. Zucchinischeiben, Knoblauch- und Zwiebelscheiben darin leicht braun anbraten. Mit Salz und Pfeffer würzen. Das Gemüse in die Form geben, auf dem Boden gleichmäßig verteilen und leicht andrücken.

6. Basilikum abspülen, trocken tupfen und die Blättchen von den Stängeln zupfen. Tofu, Sesam- oder Cashewmus, Basilikum, Salz, Pfeffer und Speisestärke verschlagen. Mais untermischen. Die Creme auf den Zucchinischeiben verteilen. Tomaten abspülen, abtrocknen und waagerecht in Scheiben schneiden. Tomatenscheiben auf der Creme verteilen. Salbeiblätter abspülen, trocken tupfen und in feine Streifen schneiden. Salbeistreifen mit dem restlichen Olivenöl verrühren, auf die Tomatenscheiben träufeln. Mit Pinienkernen bestreuen.

7. Die Form auf dem Rost in den vorgeheizten Backofen (untere Einschubleiste) schieben. Die Quiche **in etwa 40 Minuten goldbraun backen.**

8. Die Gemüse-Quiche ofenwarm oder abgekühlt servieren.

GEMÜSE-TEMPURA

Zubereitungszeit: 45 Minuten
Frittierzeit: etwa 3 Minuten pro Gemüsestück

ZUTATEN FÜR 4 PORTIONEN

100 g Chinakohlblätter
250 g Hokkaido-Kürbis
175 g Zucchini
2 grüne Paprikaschoten

FÜR DEN DIP:

20 g frischer Ingwer
2 Stängel Koriander
1–2 EL vegane Sojasauce
1 EL dunkles Sesamöl

FÜR DEN TEMPURA-TEIG:

200 g Weizenmehl
50 g Speisestärke
425 ml eiskaltes Mineralwasser mit Kohlensäure
2 EL Sesamsamen
1 EL Chiliflocken

ZUM AUSBACKEN:

etwa 1 l Sonnenblumenöl

PRO PORTION:

E: 10 g, F: 28 g, Kh: 40 g, kcal: 447

1. Chinakohlblätter abspülen, trocken tupfen und in etwa 6 x 4 cm große Stücke schneiden. Kürbis abspülen, abtrocknen und halbieren. Kerne mit einem Löffel herausschaben. Kürbis in feine, etwa 1 cm breite Spalten schneiden, evtl. schälen. Die Spalten mit Salz einreiben.

2. Zucchini abspülen, abtrocknen und die Enden abschneiden. Die Zucchini längs halbieren und in etwa 1 cm dicke Scheiben schneiden.

3. Die Paprikaschoten halbieren, entstielen, entkernen und die weißen Scheidewände entfernen. Schoten abspülen, abtropfen lassen und der Länge nach sechsteln.

4. Für den Dip Ingwer schälen und sehr fein würfeln. Koriander abspülen, trocken tupfen und die Blättchen von den Stängeln zupfen. Die Blättchen fein schneiden. Ingwer mit Sojasauce und Sesamöl mischen und den Koriander unterrühren.

5. Für den Tempura-Teig Mehl mit Speisestärke und Mineralwasser in einer Rührschüssel mit einem Schneebesen kräftig verrühren. Die Sesamsamen und Chiliflocken unterrühren.

6. Das Sonnenblumenöl in einem tiefen Topf oder in einer Fritteuse auf etwa 175 °C erhitzen, sodass sich um einen in das Öl gehaltenen Holzlöffelstiel Bläschen bilden.

7. Gemüsestücke mithilfe einer Gabel durch den Tempura-Teig ziehen, am Schüsselrand abstreifen und portionsweise schwimmend etwa 3 Minuten in dem heißen Speiseöl ausbacken. Die Gemüsestücke dann mit einer Schaumkelle herausnehmen und kurz auf Küchenpapier abtropfen lassen.

8. Die Gemüse-Tempura noch heiß mit dem Dip servieren.

TIPP:

Sie können auch 1 Möhre, 1 Paprika, 3 Frühlingszwiebeln und 100 g Süßkartoffel für die Tempura verwenden. Die Möhre abspülen, schälen und in feine Streifen schneiden. Die Frühlingszwiebeln putzen und halbieren. Die Süßkartoffel schälen, abspülen und in Streifen schneiden. Die Süßkartoffelstreifen etwa 10 Minuten knapp in Salzwasser vorgaren.

GNOCCHI MIT SÜSSKARTOFFELN UND TOMATENSAUCE

Zubereitungszeit: 30 Minuten
Garzeit: etwa 14 Minuten

ZUTATEN FÜR 4 PORTIONEN

1 Süßkartoffel (etwa 500 g)
3 EL Olivenöl
200 g Zucchini
400 g vegane Gnocchi (aus dem Kühlregal)
250 g Cocktailtomaten
400 g stückige Tomaten (aus der Dose)
2 EL Tomatenmark
½ Bund Schnittlauch
einige Stängel Basilikum
1–2 TL Agavendicksaft
50 g Reibekäse-Ersatz

PRO PORTION:

E: 13 g, F: 14 g, Kh: 65 g, kcal: 443

1. Die Süßkartoffel schälen, abspülen, abtropfen lassen und in etwa 1 ½ x 1 ½ cm große Würfel schneiden.

2. Das Olivenöl in einer beschichteten Pfanne (ø 28 cm) erhitzen. Die Süßkartoffelwürfel darin zugedeckt bei mittlerer Hitze etwa 6 Minuten braten. Dabei gelegentlich wenden.

3. Die Zucchini abspülen, abtrocknen und die Enden abschneiden. Zucchini der Länge nach halbieren, die Hälften nochmals längs durchschneiden, dann quer in Stücke schneiden.

4. Die Gnocchi in die Pfanne zu den Süßkartoffeln geben und zugedeckt bei mittlerer Hitze etwa 3 Minuten mitbraten. Dabei gelegentlich wenden.

5. Die Tomaten abspülen, abtrocknen, halbieren und die Stängelansätze herausschneiden.

6. Die Zucchinistücke in die Pfanne geben und etwa 3 Minuten ohne Deckel braten. Das Gemüse und die Gnocchi aus der Pfanne in eine Schüssel geben, mit Salz und gemahlenem Pfeffer würzen.

7. Die stückigen Tomaten, das Tomatenmark und die Cocktailtomaten in die Pfanne geben und etwa 2 Minuten ohne Deckel kochen lassen.

8. Schnittlauch und Basilikum abspülen und trocken tupfen. Den Schnittlauch in Röllchen schneiden. Basilikumblätter abzupfen. Die Sauce mit Salz, gemahlenem Pfeffer und Agavendicksaft abschmecken. Das Gemüse und die Gnocchi in die Tomatensauce geben und mit Kräutern und veganem „Käse“ bestreuen.

TIPP:

Zusätzlich können noch schwarze Olivenringe und Kapern in die Sauce gegeben werden.

REZEPTVARIANTE:

Für **gebratene Gnocchi mit Champignons** 2 Packungen vegane Gnocchi (etwa 800 g, aus dem Kühlregal) in kochendem Salzwasser etwa 2 Minuten blanchieren. Anschließend in ein Sieb geben und abtropfen lassen. 300 g braune, kleine Champignons putzen, mit Küchenpapier abreiben, eventuell abspülen, abtropfen lassen und in Scheiben schneiden. 4 Fleischtomaten (etwa 400 g) abspülen, abtropfen lassen, halbieren, entkernen und die Stängelansätze entfernen. Tomatenhälften in Würfel schneiden. 2 Knoblauchzehen abziehen und durch eine Knoblauchpresse drücken oder in kleine Würfel schneiden. 4 Esslöffel Olivenöl in einer Pfanne erhitzen. Zuerst Champignonscheiben und anschließend Gnocchi darin leicht anbraten. Mit Salz, Pfeffer und Knoblauch würzen. Tomatenwürfel unterheben.

GRILLGEMÜSE, MARINIERT

● Zubereitungszeit: 60 Minuten, ohne Marinierzeit
Grillzeit: etwa 30 Minuten
▲ Mit Alkohol

ZUTATEN FÜR 10 PORTIONEN

je 2 rote, gelbe und grüne Paprikaschoten (etwa 1 ½ kg)
4 Zucchini (etwa 1 kg)
3 Auberginen (etwa 1 kg)
2 Staudensellerie (etwa 1 kg)
400 g weiße Champignons
4 Knoblauchzehen
500 g Schalotten
3 Stängel Rosmarin
1 kleiner Topf Thymian
8 EL Olivenöl

FÜR DIE MARINADE:

100 ml trockener veganer Weißwein
100 ml Olivenöl
6 EL Rotweinessig
2 EL Balsamico-Essig
2 Lorbeerblätter

ZUSÄTZLICH:

2 große Edelstahl-Grillschalen (ohne Löcher)

PRO PORTION:

E: 7 g, F: 19 g, Kh: 14 g, kcal: 266

1. Die Paprikaschoten vierteln, entstielen, entkernen und die weißen Scheidewände entfernen. Die Schoten abspülen, abtropfen lassen und in Stücke schneiden. Zucchini und Auberginen abspülen, abtrocknen und die Enden bzw. Stängelansätze abschneiden. Zucchini und Auberginen längs vierteln und in etwa 1 cm dicke Scheiben schneiden. Staudensellerie putzen, abspülen und abtropfen lassen. Sellerie in etwa 3 cm lange Stücke schneiden. Champignons putzen, evtl. kurz abspülen, gut trocken tupfen und halbieren.

2. Knoblauch und Schalotten abziehen. Knoblauch in dünne Scheiben schneiden. Schalotten vierteln. Kräuter abspülen, trocken tupfen, die Nadeln bzw. Blättchen von den Stängeln zupfen, Nadeln und Blättchen grob zerschneiden.

3. Das Olivenöl in einer großen Pfanne erhitzen. Das Gemüse darin portionsweise anbraten und dann in eine große Schüssel geben.

4. Für die Marinade Wein, Olivenöl, beide Essigsorten und Lorbeerblätter in einem Topf verrühren, aufkochen lassen, mit Salz, 1 Prise Zucker und gemahlenem Pfeffer abschmecken. Das gemischte Gemüse mit der Marinade übergießen und erkalten lassen. Dann das Gemüse zugedeckt etwa 2 Stunden in den Kühlschrank stellen, dabei 2–3-mal umrühren.

5. Das Gemüse gemischt in den Grillschalen verteilen. Die Grillschalen auf den Grillrost des heißen Grills stellen und das Gemüse etwa 30 Minuten grillen, dabei gelegentlich umrühren.

GRÜNKERNSUPPE

Zubereitungszeit: 25 Minuten, ohne Einweichzeit
Garzeit: etwa 65 Minuten

ZUTATEN FÜR 4 PORTIONEN

180 g Grünkern, ganz
500 ml vegane Gemüsebrühe
350 g Möhren
2 Stangen Staudensellerie, 1 Stange Lauch
1 TL gekörnte Gemüsebrühe mit Hefeextrakt
1 Bund glatte Petersilie

PRO PORTION:

E: 8 g, F: 2 g, Kh: 36 g, kcal: 210

1. Grünkern in einem Sieb abspülen und abtropfen lassen. Grünkern mit 500 ml kaltem Wasser übergießen und über Nacht einweichen.

2. Grünkern mit dem Einweichwasser in einen Topf geben. Die Brühe hinzugießen, zum Kochen bringen und den Grünkern zugedeckt etwa 50 Minuten bei schwacher Hitze kochen lassen.

3. In der Zwischenzeit die Möhren putzen, schälen, abspülen, abtropfen lassen und in Scheiben schneiden. Sellerie putzen, abspülen, abtropfen lassen und in etwa 1 cm große Stücke schneiden. Möhrenscheiben und Selleriestücke in die Suppe geben, wieder zum Kochen bringen und etwa 10 Minuten mitkochen lassen.

4. Lauch putzen, die Stange längs halbieren, gründlich waschen, abtropfen lassen, klein schneiden, in die Suppe geben und noch weitere etwa 5 Minuten mitgaren lassen. Suppe mit Gemüsebrühe, Salz und gemahlenem Pfeffer würzen.

5. Petersilie abspülen, trocken tupfen und die Blättchen von den Stängeln zupfen. Die Blättchen nach Belieben klein schneiden.

6. Die Suppe mit Petersilie bestreut servieren.

HIRSEMÜSLI

Zubereitungszeit: 15 Minuten, ohne Quell- und Abkühlzeit

ZUTATEN FÜR 2 PORTIONEN

FÜR DAS MÜSLI:

80 g Hirse
1 Pck. Bourbon-Vanille-Zucker
200 g Himbeeren oder Erdbeeren
1 Banane
200 g Sojajoghurt (natur)
2–4 TL Zitronensaft

PRO PORTION:

E: 10 g, F: 4 g, Kh: 48 g, kcal: 282

1. Für das Müsli die Hirse mit Bourbon-Vanille-Zucker und 250 ml Wasser in einem Topf zum Kochen bringen. Die Hirse zugedeckt etwa 35 Minuten bei schwacher Hitze quellen lassen. Anschließend die gequollene Hirse etwas abkühlen lassen.

2. Die Himbeeren verlesen, evtl. kurz abspülen und vorsichtig trocken tupfen. Oder die Erdbeeren abspülen, gut trocken tupfen, entstielen und halbieren.

3. Die Banane schälen und in Scheiben schneiden. Den Sojajoghurt glatt rühren. Den Joghurt mit den vorbereiteten Beeren und den Bananenscheiben vorsichtig unter die Hirsemasse heben und mit etwas Zitronensaft abschmecken.

TIPP:

Das Müsli mit Nusskernen, Sonnenblumenkernen oder Kokosraspeln bestreut servieren. Alles vorher in einer Pfanne ohne Fett unter Wenden anrösten, so schmeckt das Eigenaroma intensiver hervor.

REZEPTVARIANTE:

Für ein **Quinoamüsli** nehmen Sie statt Hirse die gleiche Menge Quinoa. Quinoa mit der doppelten Menge Wasser in einen Topf geben und aufkochen. Anschließend bei schwacher Hitze zugedeckt etwa 25 Minuten kochen lassen (Packungsanleitung beachten!). Den Topf von der Kochstelle nehmen. Quinoa etwa 5 Minuten weiter ausquellen und dann abkühlen lassen. Anschließend gehen Sie weiter nach Rezept vor.

HIRSESALAT MIT PAPRIKA UND ZUCCHINI

Zubereitungszeit: 25 Minuten, ohne Abkühlzeit
Garzeit: etwa 25 Minuten

ZUTATEN FÜR 4 PORTIONEN

200 g Hirse
400 ml vegane Gemüsebrühe
1 Zwiebel
2 rote Paprikaschoten
2 Zucchini
50 g Korinthen
5 EL Olivenöl
1 Bund glatte Petersilie
2–3 EL Weißweinessig

PRO PORTION:

E: 9 g, F: 15 g, Kh: 53 g, kcal: 406

1. Die Hirse in ein Sieb geben, mit kaltem Wasser abspülen und abtropfen lassen. Brühe in einem Topf zum Kochen bringen. Hirse hinzugeben, unter Rühren wieder zum Kochen bringen und zugedeckt etwa 15 Minuten bei schwacher Hitze garen.

2. In der Zwischenzeit Zwiebel abziehen, halbieren und in Streifen schneiden. Paprikaschoten vierteln, entstielen, entkernen und die weißen Scheidewände entfernen. Paprikaviertel abspülen, abtropfen lassen und in kurze Streifen schneiden.

3. Zucchini abspülen, abtrocknen und die Enden abschneiden. Zucchini in kurze Streifen schneiden. Korinthen in ein Sieb geben, mit heißem Wasser abspülen und abtropfen lassen.

4. Olivenöl in einem Topf erhitzen. Die Zwiebelstreifen darin andünsten. Paprikastreifen und Korinthen hinzugeben und zugedeckt etwa 10 Minuten garen. Dann Zucchinistreifen unterheben, mit Salz und gemahlenem Pfeffer würzen. Das Gemüse mit der Hirse vermischen. Den Salat etwas abkühlen lassen.

5. Petersilie abspülen, trocken tupfen, die Blättchen von den Stängeln zupfen, klein schneiden und unter den Hirsesalat heben. Den Salat mit Salz, gemahlenem Pfeffer und Essig würzen.

HOT POT, FEURIG

Zubereitungszeit: 50 Minuten,
ohne Einweichzeit
Garzeit: etwa 26 Minuten

ZUTATEN FÜR 4 PORTIONEN

30 g getrocknete kleine Shiitakepilze
2 rote Chilischoten
3–4 EL vegane Sojasauce
1 ½ l vegane Gemüsebrühe
200 g Tofu (natur)
2–3 EL dunkles Sesamöl
je 1 rote und gelbe Paprikaschote
300 g Möhren
1 Fenchelknolle (etwa 250 g)
150 g Zuckerschoten
100 g Frühlingszwiebeln
1 EL Erdnussöl
etwa 20 g frischer Ingwer
1 Bund Koriander
2 EL Gomasio
(gerösteter, gesalzener Sesam)
1 gestr. TL brauner Zucker

PRO PORTION:

E: 16 g, F: 17 g, Kh: 25 g, kcal: 330

1. Die Pilze abspülen, abtropfen lassen und in 500 ml lauwarmem Wasser etwa 30 Minuten einweichen. Die Pilze mit einer Schaumkelle aus dem Wasser nehmen und die Stiele entfernen. Größere Pilze in breite Streifen schneiden.

2. Chilischoten längs halbieren, evtl. entkernen, abspülen, abtropfen lassen und fein schneiden. Dann zusammen mit den Pilzen, dem Einweichwasser, 2 Esslöffeln von der Sojasauce sowie der Brühe in einem Topf zum Kochen bringen. Die Zutaten bei schwacher Hitze ohne Deckel etwa 15 Minuten kochen lassen.

3. Tofu in Würfel schneiden, in eine kleine Schüssel geben und in 1 Esslöffel Sojasauce und 1 Teelöffel Sesamöl marinieren.

4. Paprikaschoten halbieren, entstielen, entkernen und die weißen Scheidewände entfernen. Schoten abspülen, abtropfen lassen und in kleine Rauten schneiden.

5. Möhren putzen, schälen, abspülen und abtropfen lassen. Die Möhren der Länge nach halbieren und in dünne Scheiben oder Stifte schneiden.

6. Fenchelknolle putzen, abspülen, abtropfen lassen, halbieren und in Streifen schneiden.

7. Von den Zuckerschoten die Enden abschneiden, evtl. abfädeln. Zuckerschoten abspülen, abtropfen lassen und anschließend schräg in Streifen schneiden.

8. Paprikarauten und Möhrenscheiben oder -stifte in die Suppe geben und etwa 8 Minuten mitgaren.

9. Frühlingszwiebeln putzen, abspülen, abtropfen lassen und in feine Scheiben schneiden.

10. Zuckerschoten-, Fenchelstreifen und Frühlingszwiebelscheiben in die Suppe geben und etwa 3 Minuten mitgaren.

11. Erdnussöl in einer beschichteten Pfanne erhitzen. Marinierte Tofuwürfel bei mittlerer Hitze unter gelegentlichem Wenden darin braten.

12. Inzwischen Ingwer schälen und fein reiben. Den Koriander abspülen, trocken tupfen und die Blättchen von den Stängeln zupfen.

13. Ingwer in die Suppe geben. Die Suppe kurz aufkochen, mit Salz, gemahlenem Pfeffer, restlicher Sojasauce und restlichem Sesamöl abschmecken.

14. Tofuwürfel in der Pfanne mit Gomasio und Zucker bestreuen und darin wenden.

15. Korianderblättchen in die Suppe geben. Die Suppe mit Tofuwürfeln anrichten.

TIPP:

Gomasio können Sie auch selbst schnell zubereiten. Einfach ungeschälten Sesamsamen in einer Pfanne ohne Fett rösten und abkühlen lassen. Dann im Mörser zerstoßen und mit etwas Meersalz mischen.

HUMMUS

Zubereitungszeit: 25 Minuten

ZUTATEN FÜR 10 PORTIONEN

400 g abgetropfte Kichererbsen (aus der Dose)
1 Knoblauchzehe
5 Stängel Minze
80 g Tahini (Sesampaste)
4 EL Olivenöl
einige getrocknete Chiliflocken
1 TL Paprikapulver rosenscharf
1 TL gem. Kreuzkümmel (Cumin)
3 EL Zitronensaft (frisch gepresst)

PRO PORTION:

E: 5 g, F: 9 g, Kh: 8 g, kcal: 139

1. Die Kichererbsen in ein Sieb geben, mit kaltem Wasser abspülen und gut abtropfen lassen. Knoblauch abziehen. Die Minze abspülen, trocken tupfen und die Blättchen von den Stängeln zupfen. Blättchen klein schneiden.

2. Kichererbsen in einen Rührbecher geben. Tahini, Olivenöl, 1 gestrichenen Teelöffel Salz, 1 Messerspitze gemahlener Pfeffer, 1 Messerspitze Chiliflocken, Paprika, Kreuzkümmel, 4–5 Esslöffel kaltes Wasser und Zitronensaft hinzugeben.

3. Die Zutaten mit einem Pürierstab fein pürieren. Die Minze unterrühren. Hummus zugedeckt in den Kühlschrank stellen.

BEILAGE:

Geröstete vegane Brotscheiben.

TIPPS:

Hummus mit Paprikapulver rosenscharf und gerösteten Sesamsamen bestreuen.
Die Tahinipaste vor dem Verzehr durchrühren.
Hummus hält sich zugedeckt im Kühlschrank etwa 1 Woche.

REZEPTVARIANTE:

Für ein **Erbsen-Hummus mit Minze** (4 Portionen) 250 g TK-Erbsen unaufgetaut in kochendem Salzwasser etwa 5 Minuten garen. Die Erbsen mit eiskaltem Wasser abschrecken und gut abtropfen lassen. 250 g Kichererbsen (aus der Dose) in ein Sieb geben, mit kaltem Wasser abspülen und abtropfen lassen. 2 Stängel Minze abspülen und trocken tupfen. Die Blättchen von den Stängeln zupfen. Erbsen, Kichererbsen, 25 g Tahini, 4 Esslöffel Olivenöl, die Hälfte der Minzeblättchen, 1 Teelöffel Kreuzkümmel, Salz und 1 Esslöffel Limettensaft in einen hohen Rührbecher geben. Die Zutaten mit einem Stabmixer zu einer feinen Paste pürieren. Erbsen-Hummus in Schälchen anrichten und mit den restlichen Minzeblättchen garnieren.
Erbsen-Hummus schmeckt zu den Gemüsechips von Seite 46.

KAISERSCHMARRN

Zubereitungszeit: 15 Minuten
Bratzeit: etwa 30 Minuten

ZUTATEN FÜR 4 PORTIONEN

250 g Weizenmehl (nach Belieben Weizenmehl Type 550; auch gemischt mit Soja- oder Dinkelmehl Type 630 nach Geschmack)
1 geh. TL Backpulver
1 TL gem. Zimt
450 ml Sojadrink (leicht gesüßt oder ungesüßt/natur)
2 EL Rapsöl
10 EL Aquafaba (Kochwasser von Hülsenfrüchten; etwa aus einer Dose Kichererbsen; 400 ml Inhalt)
etwa 100 g Zucker
4 EL vegane Margarine
2–3 EL Puderzucker
etwas gem. Zimt

PRO PORTION:

E: 11 g, F: 15 g, Kh: 76 g, kcal: 491

1. Mehl mit Backpulver und Zimt in einer großen Rührschüssel mischen. Sojadrink, 2 Esslöffel Rapsöl und 1 große Prise Salz hinzugeben. Die Zutaten zu einem glatten Teig verrühren. Den Teig etwa 10 Minuten quellen lassen.

2. In der Zwischenzeit Aquafaba in eine Rührschüssel geben. Mit dem Mixer (Rührstäbe) auf höchster Stufe aufschlagen, dabei zunächst 1 Prise Salz, dann nach und nach 60 g Zucker einstreuen und alles in etwa 5 Minuten zu einem steifen Schnee aufschlagen.

3. Den aufgeschlagenen Schaum in 3–4 Portionen mit einem Teigschaber vorsichtig unter den Teig heben.

4. Einen Esslöffel Margarine in einer großen, beschichteten Pfanne bei mittlerer Hitze zerlassen. Dann Hälfte des Teiges in die Pfanne geben und gleichmäßig verteilen. Bei schwacher bis mittlerer Hitze zugedeckt etwa 8 Minuten backen und stocken lassen. Sobald sich die Oberfläche des Teiges verfestigt, den Teig in der Pfanne mit einem Pfannenwender in 4 Stücke teilen und stückweise wenden. Weitere 3–4 Minuten stocken lassen.

5. Zum Servieren die Teigstücke in der Pfanne mit zwei Pfannenwendern in kleinere Stücke zerteilen. Die Temperatur erhöhen und 1 Esslöffel Margarine hinzugeben. Die Hälfte des restlichen Zuckers über die Teigstücke streuen und alles weitere 2–3 Minuten unter Schwenken der Pfanne goldbraun und knusprig braten. Kaiserschmarrn warm halten.

6. Aus dem restlichen Teig einen weiteren Schmarrn braten. Die Stückchen mit Puderzucker und Zimt bestäubt servieren. Dazu nach Geschmack und Saison Fruchtkompott (z. B. Apfel, Kirsche oder Pflaume) servieren.

EXTRA-TIPP:

Nach Belieben 2 Esslöffel Kokosraspel oder gehackte bzw. gestiftelte Mandeln über die Schmarrnstückchen streuen und mit anrösten.

KALABRISCHER CHILI-NUDEL-EINTOPF

Zubereitungszeit: 30 Minuten
Garzeit: 15–17 Minuten

ZUTATEN FÜR 4 PORTIONEN

300 g TK-Dicke Bohnen
350 g vegane Muschelnudeln
900 ml vegane Gemüsebrühe
2 Lorbeerblätter
2–3 kleine getrocknete Chilischoten
500 g Fenchelknollen
1 Bund Frühlingszwiebeln
2 Fleischtomaten (etwa 300 g)

PRO PORTION:

E: 21 g, F: 2 g, Kh: 81 g, kcal: 462

1. Wasser in einem Topf zugedeckt zum Kochen bringen. Etwas Salz und die Bohnen hinzufügen. Bohnen 4–5 Minuten garen. Anschließend die gegarten Bohnen in einem Sieb kurz mit kaltem Wasser abspülen und abtropfen lassen.

2. Die Nudeln in kochendem Salzwasser nach Packungsanleitung bissfest kochen, dabei gelegentlich umrühren.

3. In der Zwischenzeit Brühe in einem weiteren großen Topf zum Kochen bringen. Lorbeerblätter und Chilischoten hinzugeben.

4. Vom Fenchel das zarte Grün abschneiden und beiseitelegen. Fenchelknollen putzen, abspülen, abtropfen lassen, halbieren und den harten Stielansatz herausschneiden. Fenchel in feine Streifen schneiden und in der Brühe zunächst etwa 4 Minuten garen.

5. Frühlingszwiebeln putzen, abspülen, abtropfen lassen und in feine Scheiben schneiden. Frühlingszwiebelscheiben und Bohnen in die Brühe geben, mit dem Fenchel darin etwa 5 Minuten garen. Anschließend die Brühe mit Salz nochmals kräftig abschmecken.

6. Die gegarten Nudeln in ein Sieb geben, mit heißem Wasser abspülen und abtropfen lassen.

7. Tomaten abspülen, abtrocknen und vierteln. Stängelansätze und Kerne herausschneiden. Das Fruchtfleisch nach Belieben von den Schalen schneiden und klein schneiden.

8. Tomatenstücke und Nudeln in den Eintopf geben. Die Zutaten nochmals 2–3 Minuten erhitzen. Fenchelgrün abspülen, trocken tupfen und fein schneiden. Den Eintopf vor dem Servieren nochmals abschmecken, mit Fenchelgrün bestreuen und anrichten.

REZEPTVARIANTE:

Für eine **Gemüsesuppe mit Basilikumpesto** (4 Portionen) 2 Stangen Lauch (etwa 350 g) putzen, die Stangen längs halbieren, gründlich waschen, abtropfen lassen und in feine Streifen schneiden. 4 Stangen Staudensellerie (etwa 300 g) putzen, abspülen, abtropfen lassen und in feine Scheiben schneiden. 4 Möhren (etwa 350 g) putzen, schälen, abspülen, gut abtropfen lassen und in dünne Stifte schneiden. 2 Esslöffel Olivenöl in einem Topf erhitzen. Vorbereitetes Gemüse darin etwa 4 Minuten unter gelegentlichem Rühren andünsten. 1 Liter vegane Gemüsebrühe hinzugießen, mit Salz und Pfeffer würzen. Die Zutaten zum Kochen bringen und zugedeckt etwa 10 Minuten bei schwacher Hitze kochen. Für das Basilikumpesto 1 kleines Bund Basilikum abspülen, trocken tupfen, die Blättchen von den Stängeln zupfen und mit 30 g abgezogenen, gemahlenen Mandeln in einen hohen Rührbecher geben. 1 Knoblauchzehe abziehen und hinzugeben. Die Zutaten mit einem Pürierstab fein pürieren. Basilikumpüree in einer kleinen Schüssel mit 3 Esslöffeln Olivenöl glatt rühren, mit Salz und Pfeffer würzen. Die Gemüsesuppe mit Salz und Pfeffer abschmecken. Das Basilikumpesto zu der Suppe reichen.

KARTOFFEL-ECKEN, PROVENZALISCH

Zubereitungszeit: 35 Minuten
Garzeit: 40–45 Minuten

ZUTATEN FÜR 4 PORTIONEN

600 g möglichst kleine festkochende Kartoffeln
2 rote Paprikaschoten
2 kleine Zucchini
2 kleine Auberginen
2 Zwiebeln
4 EL Olivenöl
300 ml vegane Gemüsebrühe
2 Knoblauchzehen
½ TL getrocknete Kräuter der Provence
einige Stängel frischer Rosmarin
einige Stängel frischer Oregano

ZUSÄTZLICH:

etwas vegane Margarine für die Fettpfanne

PRO PORTION:

E: 9 g, F: 13 g, Kh: 37 g, kcal: 328

1. Den Backofen vorheizen.
Ober-/Unterhitze: etwa 180 °C
Heißluft: etwa 160 °C

2. Kartoffeln unter fließendem kalten Wasser gründlich abbürsten, gut abtrocknen und längs in Spalten schneiden. Paprikaschoten halbieren, entstielen, entkernen und die weißen Scheidewände entfernen. Die Schoten abspülen, abtropfen lassen und in gleich große Stücke schneiden.

3. Zucchini und Auberginen abspülen, abtrocknen und die Enden bzw. Stängelansätze abschneiden. Zucchini und Auberginen längs halbieren, dann in Scheiben schneiden. Zwiebeln abziehen, halbieren und in Spalten schneiden.

4. Das Olivenöl evtl. portionsweise in einer großen Pfanne erhitzen. Die Kartoffel- und Gemüsestücke darin evtl. portionsweise bei mittlerer bis starker Hitze unter gelegentlichem Wenden etwa 5 Minuten dünsten. Anschließend mit den Zwiebeln in eine Fettpfanne (gefettet) geben. Die Brühe hinzugießen.

5. Die Fettpfanne in den vorgeheizten Backofen schieben. Die Kartoffel-Ecken **40–45 Minuten garen.**

6. In der Zwischenzeit Knoblauch abziehen und durch eine Knoblauchpresse drücken. Nach etwa 20 Minuten Garzeit zerdrückten Knoblauch und Kräuter der Provence mit den Kartoffel- und Gemüsestücken vermengen. Kartoffel- und Gemüsestücke mit Salz und gemahlenem Pfeffer bestreuen. Während der Garzeit die Kartoffel- und Gemüsestücke ab und zu in der Fettpfanne wenden.

7. Inzwischen Rosmarin und Oregano abspülen, trocken tupfen und die Nadeln bzw. Blättchen von den Stängeln zupfen. Die Kartoffel-Ecken mit den frischen Kräutern mischen oder bestreuen und auf Tellern anrichten.

KARTOFFEL-KRAUT-QUICHE

Zubereitungszeit: 25 Minuten
Garzeit: etwa 24 Minuten
Backzeit: 20–25 Minuten

ZUTATEN FÜR 4 PORTIONEN

500 g vorwiegend festkochende Kartoffeln
2–3 Stängel frischer
oder ½ TL gerebelter Thymian
300 ml vegane Gemüsebrühe
1 Zwiebel, 2 ½ EL Speiseöl
2 EL Agavendicksaft
250 g abgetropftes Sauerkraut
(frisch oder aus der Dose)
1 Prise Chiliflocken
100 g Pflanzencreme zum Kochen
(etwa 16 % Fett)
½ rote Paprikaschote (etwa 100 g)
3 Blätter veganer Filoteig (hauchdünne Teigblätter aus dem Kühlregal, etwa 30 x 30 cm; ersatzweise veganer Strudelteig)
2 EL Sonnenblumenkerne

PRO PORTION:

E: 8 g, F: 14 g, Kh: 41 g, kcal: 333

1. Kartoffeln schälen, abspülen, abtropfen lassen, in etwa ½ cm dünne Scheiben schneiden oder hobeln. Frischen Thymian abspülen, trocken tupfen und die Blättchen von den Stängeln zupfen. Die Brühe mit Thymian in einem Topf zum Kochen bringen. Kartoffelscheiben darin bei mittlerer Hitze 8–10 Minuten zugedeckt vorgaren. Dann in einem Sieb abtropfen lassen, die Kochflüssigkeit dabei auffangen.

2. In der Zwischenzeit Zwiebel abziehen und fein würfeln. ½ Esslöffel Speiseöl in einem Topf erhitzen. Zwiebelwürfel darin glasig dünsten. Agavendicksaft hinzugeben und leicht karamellisieren lassen. Sauerkraut untermischen, mit Salz, gemahlenem Pfeffer und Chili würzen. 100 ml Wasser hinzugießen, zugedeckt etwa 10 Minuten bei schwacher Hitze schmoren lassen. Die Pflanzencreme und die aufgefangene Kartoffelbrühe hinzugießen. Sauerkraut weitere etwa 4 Minuten bei starker Hitze ohne Deckel schmoren.

3. Inzwischen Paprikaschote entstielen, entkernen und die weißen Scheidewände entfernen. Die Schotenhälfte abspülen, abtropfen lassen und in sehr feine Streifen schneiden. Paprikastreifen unter das Sauerkraut mischen.

4. Den Backofen vorheizen.
Ober-/Unterhitze: etwa 200 °C
Heißluft: etwa 180 °C

5. Teigblätter auf der Arbeitsfläche ausbreiten, mit dem restlichen Speiseöl bestreichen und übereinanderlegen. Eine Spring- oder Pieform (ø 26 cm, so mit Backpapier ausgelegt, dass es über den Formrand hinausragt) damit auslegen.

6. Die Kartoffeln gleichmäßig in der Form verteilen. Anschließend das Sauerkraut daraufgeben und mit Sonnenblumenkernen bestreuen. Die Form auf dem Rost in den vorgeheizten Backofen (unterste Schiene) schieben. Kartoffel-Kraut-Quiche **in 20–25 Minuten knusprig backen.**

7. Die Form auf einen Kuchenrost stellen. Die Quiche nach Belieben mithilfe des Backpapiers vorsichtig aus der Form heben. Quiche in Stücke schneiden und sofort servieren.

KARTOFFEL-TOFU-EINTOPF (GULASCH)

Zubereitungszeit: 45 Minuten
Garzeit: etwa 20 Minuten

ZUTATEN FÜR 4 PORTIONEN

2 rote Zwiebeln
1 große gelbe Paprikaschote
800 g festkochende Kartoffeln
600 g Tofu (natur)
2 EL Olivenöl
2 EL Tomatenmark
1 EL Paprikapulver edelsüß
1 TL Kümmelsamen
1,2 l vegane Gemüsebrühe
1 Bio-Zitrone (unbehandelt, ungewachst)
2 Knoblauchzehen
1 kleines Bund Petersilie

PRO PORTION:

E: 30 g, F: 14 g, Kh: 37 g, kcal: 400

1. Zwiebeln abziehen, halbieren und in kleine Würfel schneiden. Paprikaschote halbieren, entstielen, entkernen und die weißen Scheidewände entfernen. Die Schote abspülen, abtropfen lassen und würfeln.

2. Die Kartoffeln schälen, abspülen, abtropfen lassen und in etwa 2 cm große Würfel schneiden. Den Tofu ebenfalls in etwa 2 cm große Würfel schneiden.

3. Olivenöl in einem Topf erhitzen. Zwiebel-, Paprika- und Kartoffelwürfel darin portionsweise andünsten. Tomatenmark, Paprika und Kümmel unterrühren. Die Gemüsebrühe hinzugießen, mit Salz und gemahlenem Pfeffer würzen. Das Gemüse zugedeckt etwa 20 Minuten bei schwacher Hitze kochen lassen.

4. In der Zwischenzeit Zitrone heiß abwaschen, abtrocknen und die Schale abreiben. Knoblauch abziehen und fein schneiden. Petersilie abspülen, trocken tupfen und die Blättchen von den Stängeln zupfen. Blättchen klein schneiden. Zitronenschale mit Knoblauch und Petersilie vermischen, zugedeckt beiseitestellen.

5. Nach etwa 20 Minuten Garzeit die Tofuwürfel zum Gulasch geben und miterhitzen, mit Salz und gemahlenem Pfeffer abschmecken.

6. Den Kartoffel-Tofu-Eintopf mit der beiseitegestellten Kräutermischung bestreuen oder die Kräutermischung dazureichen.

KARTOFFEL-ZUCCHINI-PUFFER

Zubereitungszeit: 30 Minuten
Bratzeit: 3–4 Minuten pro Portion

ZUTATEN FÜR 4 PORTIONEN

4 große festkochende Kartoffeln
2 Zucchini

FÜR DEN SPINATSALAT:

500 g junger Blattspinat
8 dünne Frühlingszwiebeln
24 Cocktailtomaten
4 EL Zitronensaft
8 EL Olivenöl

8 EL Olivenöl zum Braten
8 EL Hummus

PRO PORTION:

E: 12 g, F: 46 g, Kh: 42 g, kcal: 638

1. Die Kartoffeln schälen, abspülen, abtropfen lassen und auf einer Haushaltsreibe grob reiben. Die Zucchini abspülen, abtrocknen und die Enden abschneiden. Zucchini ebenfalls reiben. Kartoffel- und Zucchiniraspel mit Salz und gemahlenem Pfeffer würzen.

2. Für den Salat den Blattspinat verlesen und die dicken Stiele entfernen. Spinat gründlich waschen, abtropfen lassen und trocken schleudern. Die Frühlingszwiebeln putzen, abspülen, abtropfen lassen und in feine Scheiben schneiden. Die Tomaten abspülen, trocken tupfen, halbieren und die Stängelansätze herausschneiden.

3. Zitronensaft mit Salz und gemahlenem Pfeffer verrühren, Olivenöl unterschlagen.

4. Etwas von dem Olivenöl in einer Pfanne erhitzen. Die Kartoffel-Zucchini-Masse portionsweise in die Pfanne geben und etwas flach drücken. Die Puffer bei mittlerer Hitze von beiden Seiten goldbraun braten, mit einem Pfannenwender herausnehmen und auf Küchenpapier abtropfen lassen.

5. Den Blattspinat mit den Frühlingszwiebelscheiben, den Tomatenhälften und dem Dressing vermischen. Die Kartoffel-Zucchini-Puffer mit dem Spinatsalat und dem Hummus anrichten.

KICHERERBSENSALAT

● Zubereitungszeit: 30 Minuten, ohne Durchziehzeit

ZUTATEN FÜR 4 PORTIONEN

1 Möhre (etwa 100 g)
1 kleine gelbe Paprikaschote
1 Knoblauchzehe
200 g Staudensellerie
400 g abgetropfte Kichererbsen (aus Dosen)
1 EL klein geschnittene Petersilie
1 TL klein geschnittener Oregano

FÜR DIE MARINADE:

3 EL Obstessig
1 TL Agavendicksaft
gem. Kreuzkümmel (Cumin)
3 EL Rapsöl

PRO PORTION:

E: 8 g, F: 10 g, Kh: 22 g, kcal: 233

1. Die Möhre putzen, schälen, abspülen, abtropfen lassen. Paprikaschote halbieren, entstielen, entkernen und die weißen Scheidewände entfernen. Knoblauch abziehen. Staudensellerie putzen, abspülen, abtropfen lassen. Das vorbereitete Gemüse und den Knoblauch klein würfeln.

2. Kichererbsen in ein Sieb geben, mit kaltem Wasser abspülen und abtropfen lassen. Kichererbsen mit den Gemüsewürfeln in eine Schüssel geben. Petersilie und Oregano hinzugeben.

3. Für die Marinade Essig mit Agavendicksaft, Salz, gemahlenem Pfeffer und Kreuzkümmel verrühren, dann das Rapsöl unterschlagen.

4. Die Marinade mit den Salatzutaten vermischen. Den Kichererbsensalat etwas durchziehen lassen. Vor dem Servieren nochmals mit den Gewürzen abschmecken.

TIPP:

Sie können den Salat bereits einen Tag im Voraus zubereiten.

KICHERERBSENSUPPE

Zubereitungszeit: 70 Minuten, ohne Abkühlzeit

ZUTATEN FÜR 4–5 PORTIONEN

FÜR DIE SUPPE:

2 Zwiebeln
2 Knoblauchzehen
175 g Staudensellerie
250 g Tomaten
1 Bund Petersilie
3 EL Olivenöl
1,2 kg Kichererbsen (aus Dosen)
2–3 EL gekörnte vegane Gemüsebrühe

FÜR DIE CROÛTONS:

4–5 Scheiben veganes Vollkorn-Toastbrot
4 EL Olivenöl

ZUM BESTREUEN:

2–3 EL Majoranblättchen

PRO PORTION:

E: 18 g, F: 22 g, Kh: 51 g, kcal: 496

1. Für die Suppe Zwiebeln und Knoblauch abziehen, in kleine Würfel schneiden. Staudensellerie putzen, abspülen, abtropfen lassen und in Stücke schneiden. Tomaten kreuzweise einschneiden und mit kochendem Wasser übergießen. Nach 1–2 Minuten herausnehmen und mit kaltem Wasser abschrecken. Die Tomaten enthäuten, halbieren und die Stängelansätze herausschneiden. Tomaten in kleine Stücke schneiden.

2. Petersilie abspülen, trocken tupfen und die Blättchen von den Stängeln zupfen. Die Blättchen klein schneiden.

3. Olivenöl in einem Topf erhitzen. Zwiebelwürfel darin glasig dünsten. Die Knoblauchwürfel,

Tomatenstücke, Selleriestücke und Petersilie hinzugeben und zugedeckt etwa 10 Minuten dünsten. Die Gemüsemasse etwas abkühlen lassen.

4. In der Zwischenzeit von den Kichererbsen die Flüssigkeit auffangen, mit Wasser auf 1 ¼–1 ½ Liter auffüllen und in einem großen Topf zum Kochen bringen. Kichererbsen und gekörnte Brühe hinzufügen, wieder zum Kochen bringen und etwa 5 Minuten kochen lassen.

5. Die Gemüsemasse pürieren, zu den Kichererbsen in den Topf geben und unterrühren, mit Salz und gemahlenem Pfeffer würzen. Die Suppe wieder zum Kochen bringen und weitere etwa 5 Minuten bei schwacher Hitze kochen lassen.

6. Inzwischen für die Croûtons die Toastbrotscheiben in kleine Würfel schneiden. Das Olivenöl in einer Pfanne erhitzen. Die Brotwürfel darin von allen Seiten knusprig braun braten und dann wieder herausnehmen.

7. Die Suppe in Tellern verteilen, mit Croûtons und abgespülten, trocken getupften Majoranblättchen bestreuen und servieren.

KOHLRABI-SALAT MIT SEITAN-STICKS

Zubereitungszeit: 30 Minuten
Bratzeit: etwa 2 Minuten

ZUTATEN FÜR 4 PORTIONEN

2 mittelgroße Kohlrabi (etwa 400 g)
3–4 EL Zitronensaft
3 EL mildes Salatöl, z. B. Sonnenblumen- oder Distelöl
1–2 EL Olivenöl
1–2 große Stängel frische Minze
4 EL Macadamianusskerne (ersatzweise z. B. geschälte Mandelkerne)
1 kleine rote Zwiebel
1 reife Mango (etwa 600 g)
300–400 g abgetropfter, bratfertig vorbereiteter und gewürzter Seitan (z. B. aus dem Naturkostladen)

2 EL Pflanzenöl zum Braten

PRO PORTION:

E: 70 g, F: 25 g, Kh: 32 g, kcal: 647

1. Kohlrabi putzen, schälen, halbieren oder vierteln und auf einer stabilen, scharfen Küchenreibe in sehr feinen Scheiben direkt in eine verschließbare Kunststoffschüssel hobeln. Zitronensaft, 1 Prise Zucker, Salz und gemahlenen Pfeffer mit dem Salat- und Olivenöl verschlagen.

2. Minze abspülen, trocken tupfen und die Blättchen von den Stängeln zupfen. Blättchen fein scheiden, mit dem Dressing zu den Kohlrabischeiben geben. Dose mit passendem Deckel fest verschließen, Deckel festhalten und die Dose kräftig schütteln. Marinierte Kohlrabischeiben etwa 20 Minuten durchziehen lassen.

3. In der Zwischenzeit die Nusskerne in einer beschichteten Pfanne ohne Fett unter Wenden rösten, auf einen Teller geben und erkalten lassen.

4. Zwiebel abziehen und in feine Streifen schneiden. Von der Mango das Fruchtfleisch vom Stein schneiden, die Fruchtstücke schälen. Fruchtfleisch in feine Spalten schneiden.

5. Seitan in feine Streifen oder Stücke schneiden. Pflanzenöl in einer beschichteten Pfanne erhitzen. Seitan darin in etwa 2 Minuten kurz knusprig braten, auf Küchenpapier abtropfen lassen.

6. Zwiebelstreifen und Mangospalten zu den marinierten Kohlrabischeiben geben und untermischen. Salat evtl. mit Zitronensaft, Salz und gemahlenem Pfeffer abschmecken. Salat auf Tellern verteilen, Nusskerne hacken und den Salat damit bestreuen. Seitan auf dem Salat anrichten.

TIPPS:

Statt mit frischer Minze lässt sich der Salat auch mit 1–2 Prisen getrockneter Minze (z. B. aus einem Teebeutel) marinieren.
Alternativ einfach klein geschnittene Petersilie oder Schnittlauchröllchen unter den Salat mischen.
Seitan ist ein pflanzliches Produkt aus Gluten, dem wasserunlöslichen Klebereiweiß des Weizenmehls. Es wird aus Weizenmehl und Wasser zubereitet. Seitan ist eiweißreicher und fettärmer als Tofu.
Von Veganern und Vegetariern wird Seitan als Ersatzprodukt für Fleisch geschätzt, da es eine bissfeste, „an Fleisch erinnernde" Konsistenz hat und vergleichbar verarbeitet werden kann – man kann es backen, braten, kochen und grillen. Es wird im Handel fertig gegart angeboten – in der „Natur"-Variante ist die Glutenmasse oft mit etwas Sojasauce gewürzt. Im Kühlregal findet sich inzwischen eine große Bandbreite an Seitanprodukten wie Aufschnitt, Bratlinge, Frikadellen, Hacksteaks, Schnitzel.

KOHLSALAT AUF ZWEIERLEI ART

Zubereitungszeit: 60 Minuten

ZUTATEN FÜR 12 PORTIONEN

1 Rotkohl (etwa 1,4 kg)
1 Spitzkohl (etwa 1,2 kg)
4 Orangen

FÜR DAS DRESSING:

4 EL Apfelessig
2–3 EL Agavendicksaft
oder anderer veganer Honig-Ersatz
6 EL Sonnenblumenöl

ZUM BESTREUEN:

250 g Walnusskerne

PRO PORTION:

E 7 g, F: 20 g, Kh: 15 g, kcal: 270

1. Die Kohlköpfe putzen, dabei die äußeren Blätter entfernen, Die Kohlköpfe vierteln und die Strünke herausschneiden. Die Viertel längs halbieren und quer in möglichst feine Streifen schneiden oder hobeln. Kohlstreifen abspülen und gut abtropfen lassen.

2. Die Kohlstreifen in eine große Schüssel geben. 2 gestrichene Teelöffel Salz und 2 Teelöffel Zucker hinzugeben. Die Kohlstreifen mit den Händen gut durch- und weich kneten. Die Kohlstreifen zugedeckt etwas ziehen lassen.

3. In der Zwischenzeit die Orangen so schälen, dass die weiße Haut mitentfernt wird. Die Orangen filetieren. Die Orangenfilets halbieren. Dabei austretenden Saft auffangen.

4. Für das Dressing aufgefangenen Orangensaft mit Apfelessig und Agavendicksaft verrühren. Sonnenblumenöl unterschlagen. Dressing mit Salz und gemahlenem Pfeffer würzen und unter die durchgezogenen Kohlstreifen mischen. Orangenfilets unterheben.

5. Die Walnusskerne in einer Pfanne ohne Fett unter gelegentlichem Wenden anrösten und dann grob hacken. Salat mit den gehackten Walnusskernen bestreut servieren.

TIPPS:

Der Salat lässt sich bis einschließlich Punkt 4 schon prima 2 Tage vorher zubereiten. Den Salat dann zugedeckt im Kühlschrank durchziehen lassen.
Etwa 30 Minuten vor dem Servieren den Salat aus dem Kühlschrank nehmen. Die Walnusskerne rösten und hacken. Den Salat nochmals durchmischen, abschmecken und mit den Nusskernen servieren.

KOKOS-EIS-POPS

Zubereitungszeit: 20 Minuten, ohne Abkühlzeit
Gefrierzeit: 2 ½–3 ½ Stunden

ZUTATEN FÜR 12 STÜCK

FÜR DIE EISMASSE:

400 ml cremige Kokosmilch
30 g Voll-Rohrzucker
½ TL Agar-Agar
50 g geröstete, gesalzene Cashewkerne
etwa 1 TL Zitronensaft

ZUM GARNIEREN:

20 g geröstete, gesalzene Cashewkerne
30 g rote Konfitüre, z. B. Sauerkirsche

ZUSÄTZLICH:

1 gefriergeeignete Silikonform für 12 Kuchen- bzw. Eis-Pops (etwa 360 ml Inhalt)
12 Eisstiele

PRO STÜCK:

E: 2 g, F: 9 g, Kh: 6 g, kcal: 109

1. Die Form für die Eis-Pops in den Gefrierschrank stellen. Für die Eismasse Kokosmilch mit Zucker und Agar-Agar in einen Topf geben, verrühren und zum Kochen bringen. Die Mischung ohne Deckel 2–3 Minuten unter Rühren leicht kochen lassen. Den Topf von der Kochstelle nehmen. Die Kokosmilchmischung (etwa 350 ml) unter gelegentlichem Rühren abkühlen lassen.

2. Die Cashewkerne fein hacken und unter die Kokosmilchmischung rühren. Die Mischung mit Zitronensaft abschmecken.

3. Die Eismasse in die Mulden beider Teile der Silikonform füllen, evtl. auf ein gefriergeeignetes Tablett stellen und für etwa 30 Minuten in den

Gefrierschrank stellen. Die Eismasse anfrieren lassen. Sobald die Eismasse an der Oberfläche zu gefrieren beginnt, die Formen aus dem Gefrierschrank nehmen.

4. Die obere Formhälfte (mit den Löchern) vorsichtig auf die untere Form stürzen und andrücken. Die Stiele in die Form stecken und die Form wieder in den Gefrierschrank stellen. Eis-Pops 2–3 Stunden gefrieren lassen.

5. Zum Garnieren die Cashewkerne fein hacken. Die Konfitüre glatt rühren, stückige Konfitüre nach Belieben pürieren. Die Pops aus den Formen lösen. Die Konfitüre mit einem Backpinsel wie einen Ring mittig auf die Pops streichen. Die Pops mit dem Ring in den Cashewkernen wälzen.

TIPP:

Anstelle der Konfitüre können Sie auch 30 g vegane Zartbitter-Schokolade und 3 g veganes Kokosfett in einem kleinen Topf im Wasserbad bei schwacher Hitze unter Rühren schmelzen. Die Schokolade als Ring auf die Pops streichen. Die Schokoringe dann mit 1 Esslöffel kleiner Zuckerperlen bestreuen.

KRAUT-NUDEL-AUFLAUF, ALPIN

- Zubereitungszeit: 45 Minuten
  Garzeit: etwa 25 Minuten
- ▲ Mit Alkohol

ZUTATEN FÜR 4 PORTIONEN

250 g vegane Bandnudeln
150 g rote Zwiebeln
500 g Weißkohl
200 g Hokkaido-Kürbis
5 Wacholderbeeren
5 EL Sonnenblumenöl
2 EL Paprikapulver edelsüß
1 EL Voll-Rohrzucker
½ EL Kümmelsamen
1 TL gerebelter Majoran
200 ml veganer Weißwein
300 ml vegane Gemüsebrühe
300 ml Sojacreme zum Kochen
etwas vegane Margarine für die Form
100 g Reibekäse-Ersatz
30 g Kürbiskerne
½ Bund Dill

PRO PORTION:

E: 21 g, F: 41 g, Kh: 59 g, kcal: 725

1. Die Nudeln in kochendem Salzwasser nach Packungsanleitung bissfest garen. Die gegarten Nudeln in ein Sieb geben und abtropfen lassen.

2. Die Zwiebeln abziehen, halbieren und in Streifen schneiden. Weißkohl putzen, halbieren und den Strunk herausschneiden. Weißkohlhälften abspülen, abtropfen lassen und in etwa ½ cm dicke Streifen schneiden, dabei die dicken Blattrippen herausschneiden.

3. Kürbis abspülen und abtropfen lassen. Die Kerne und den faserigen Innenteil entfernen. Kürbis grob reiben. Die Wacholderbeeren grob zerdrücken.

4. Das Sonnenblumenöl in einem weiten Topf erhitzen. Die Kohlstreifen hinzugeben und unter gelegentlichem Rühren kräftig andünsten. Paprika, Zucker, Wacholder, Kümmel und Majoran unterrühren. Weißwein hinzugießen und völlig einkochen lassen.

5. Den Kohl mit Salz und gemahlenem Pfeffer würzen. Die Gemüsebrühe nach und nach hinzugießen. Den Kohl zugedeckt bei mittlerer Hitze etwa 15 Minuten garen. Dann die Kürbisraspel unterrühren. Die Sojacreme hinzugießen. Die Zutaten einmal kurz aufkochen lassen.

6. Inzwischen den Backofen vorheizen.
Ober-/Unterhitze: etwa 180 °C
Heißluft: etwa 160 °C

7. Die Nudeln mit dem Kohlgemüse in einer großen Auflaufform (gefettet) mischen und evtl. nachwürzen. Den Auflauf mit dem geriebenen „Käse" bestreuen.

8. Die Form auf dem Rost in den vorgeheizten Backofen schieben. Den Auflauf **etwa 15 Minuten garen.** Dann die Kürbiskerne auf den Auflauf streuen. Den Auflauf **in weiteren etwa 10 Minuten fertig garen.**

9. Den Dill abspülen, trocken tupfen und die Spitzen von den Stängeln zupfen. Dillspitzen grob zerschneiden. Den Auflauf damit bestreuen.

KÜRBIS-MÖHREN-EINTOPF

Zubereitungszeit: 40 Minuten
Garzeit: etwa 15 Minuten

ZUTATEN FÜR 2–3 PORTIONEN

3 Stangen Lauch (etwa 600 g)
4 Möhren (etwa 400 g)
600 g festkochende Kartoffeln
3 Zwiebeln (etwa 160 g)
4 TL Sonnenblumenöl
etwas mildes Currypulver
2–3 Lorbeerblätter
600 ml vegane Gemüsebrühe
200 g Pflanzencreme zum Kochen
1,2 kg Hokkaido-Kürbis
(vorbereitet gewogen etwa 800 g)

PRO PORTION:

E: 14 g, F: 14 g, Kh: 41 g, kcal: 453

1. Den Lauch putzen, die Stangen längs halbieren, gründlich waschen und abtropfen lassen. Lauch in Streifen schneiden. Möhren putzen, schälen, abspülen, abtropfen lassen und in Scheiben schneiden. Kartoffeln schälen, abspülen, abtropfen lassen und würfeln. Zwiebeln abziehen, ebenfalls klein würfeln.

2. Sonnenblumenöl in einem Topf erhitzen. Zwiebelwürfel darin andünsten. Die Möhrenscheiben und Kartoffelwürfel hinzugeben, kurz mitdünsten lassen, mit Salz, gemahlenem Pfeffer, Curry und Lorbeerblättern würzen. Alles mit Brühe und Pflanzencreme ablöschen, zum Kochen bringen und zugedeckt etwa 3 Minuten bei schwacher Hitze kochen lassen.

3. In der Zwischenzeit Kürbis abspülen, abtrocknen, halbieren, entkernen und mit der Schale in etwa 2 cm große Würfel schneiden. Lauchstreifen und Kürbiswürfel zu den Möhrenscheiben und Kartoffelwürfeln in den Topf geben, wieder zum Kochen bringen und zugedeckt weitere 6–8 Minuten bei schwacher Hitze unter gelegentlichem Rühren kochen lassen.

4. Danach den Deckel abnehmen. Den Eintopf noch etwa 1 Minute sämig einkochen lassen. Den Eintopf vor dem Anrichten nochmals mit Salz, gemahlenem Pfeffer und evtl. etwas Currypulver abschmecken.

BEILAGE:

Frisches veganes Fladenbrot.

KÜRBIS-ROTE-BETE-SALAT

Zubereitungszeit: 30 Minuten
Bratzeit: Kürbis etwa 10 Minuten

ZUTATEN FÜR 4 PORTIONEN

FÜR DEN SALAT:

1 Lollo bionda
300 g Rucola (Rauke)
½ Hokkaido-Kürbis (300 g)
1 EL Olivenöl
4 Rote-Bete-Kugeln (vorgegart, vakuumverpackt)
½ Bio-Salatgurke
1 Mango
½ Granatapfel
4 Frühlingszwiebeln
2 Möhren (120 g)
16 Cocktailtomaten

FÜR DAS DRESSING:

1 EL Ahornsirup
2 EL Limettensaft
6 EL Distelöl
20 g frischer Ingwer

ZUM BESTREUEN:

1 EL geröstete Pinienkerne

PRO PORTION:

E: 7 g, F: 20 g, Kh: 38 g, kcal: 369

1. Für den Salat Lollo bionda putzen, abspülen, gut abtropfen lassen oder trocken schleudern. Salat in kleine Stücke zupfen. Den Rucola verlesen und dicke Stängel abschneiden. Rucola abspülen, gut abtropfen lassen oder trocken schleudern und evtl. etwas kleiner zupfen.

2. Die Kerne des Hokkaido mit einem Esslöffel herausschaben. Den Kürbis mit kaltem Wasser abspülen, trocken tupfen und dann in 1–2 cm dicke Scheiben schneiden. Olivenöl in einer Pfanne erhitzen. Die Kürbisscheiben darin von jeder Seite etwa 5 Minuten braten, dann mit Salz und gemahlenem Pfeffer würzen.

3. Die Rote-Bete-Kugeln in Spalten schneiden. Die Salatgurke abspülen, abtrocknen, längs halbieren und in dünne Scheiben schneiden. Die Mango heiß abwaschen, abtrocknen, halbieren und die Hälften vom Stein lösen. Mangohälften schälen und in etwa ½ cm dicke Scheiben schneiden. Die Kerne aus dem Granatapfel mithilfe einer Gabel herauslösen. (Vorsicht: Es kann spritzen und Farbflecke geben!), dabei die weißen Fruchthäute entfernen.

4. Frühlingszwiebeln putzen, abspülen, trocken tupfen und in feine Scheiben schneiden. Die Möhren putzen, schälen, abspülen, abtropfen lassen und in sehr dünne Scheiben hobeln. Tomaten abspülen, abtrocknen, halbieren, evtl. die Stängelansätze herausschneiden.

5. Für das Dressing Ahornsirup mit Limettensaft verschlagen. Distelöl langsam unterschlagen. Ingwer schälen und dazureiben. Das Dressing mit Salz und Pfeffer würzen. Alle Salatzutaten mischen und mit Salz und Pfeffer würzen. Das Dressing dazugeben und untermischen. Den Kürbis-Rote-Bete-Salat auf Tellern verteilen und mit Pinienkernen bestreut servieren.

KÜRBIS-TOFU-SALAT

Zubereitungszeit: 60 Minuten, ohne Abkühlzeit
Garzeit: 55–65 Minuten

ZUTATEN FÜR 4 PORTIONEN

etwa 400 g geputzter, grob zerzupfter Grünkohl (300 g netto)
2 EL Pflanzenöl
1 mittelgroßer Kürbis, z. B. Hokkaido oder Butternut (etwa 1,2 kg brutto)
1 Knoblauchzehe
5 EL Olivenöl
200 g Räuchertofu
3 EL Orangensaft (frisch gepresst)
2 EL vegane Sojasauce
1 TL Agavendicksaft
2 Frühlingszwiebeln

PRO PORTION:

E: 10 g, F: 26 g, Kh: 17 g, kcal: 363

1. Den Backofen vorheizen.
Ober-/Unterhitze: etwa 140 °C
Heißluft: etwa 120 °C (wir empfehlen, den Grünkohl bei Heißluft zu garen).

2. Grünkohlblättchen von den groben Strünken zupfen. Blättchen gründlich waschen, trocken schleudern und mit Küchenpapier gründlich trocken tupfen. Mit 2 Esslöffeln Öl in einer Schüssel mischen, 1 gestrichenen Teelöffel Salz gleichmäßig darüberstreuen. Grünkohlblättchen auf den Backblechen (mit Backpapier belegt) verteilen. Die Bleche mit maximalem Abstand zueinander in den vorgeheizten Backofen schieben (alternativ nacheinander auf einem Blech garen). Grünkohl **etwa 25 Minuten knusprig rösten.** Grünkohl nach etwa 15 Minuten wenden. Grünkohlchips auskühlen lassen.

3. Inzwischen den Kürbis halbieren, Kerne und Innenfasern entfernen. Butternutkürbis schälen, Hokkaido-Kürbis nur gründlich waschen und trocken reiben. Kürbis in etwa 2 cm dicke Spalten schneiden. Knoblauch abziehen. 2 Esslöffel Olivenöl, Salz und gemahlenen Pfeffer verquirlen. Knoblauch durch eine Presse dazudrücken. Kürbis in einer Auflaufform damit mischen.

4. Die Backofentemperatur erhöhen.
Ober-/Unterhitze: etwa 180 °C
Heißluft: etwa 160 °C

5. Den Kürbis im heißen Ofen **30–40 Minuten weich garen,** dabei gelegentlich wenden.

6. Räuchertofu in Streifen schneiden. Etwa 15 Minuten vor Ende der Garzeit den Tofu unter die Kürbisspalten mischen und mitrösten.

7. Inzwischen Orangensaft, Sojasauce, Salz, Agavendicksaft, gemahlenen Pfeffer und restliches Öl zu einem Dressing verquirlen.

8. Heißen Kürbis und Tofu in eine Schüssel geben, mit dem Dressing beträufeln.

9. Frühlingszwiebeln putzen, abspülen, abtropfen lassen und in feine Scheiben schneiden. Unter den Kürbis mischen, mit Salz und gemahlenem Pfeffer abschmecken.

10. Kürbis-Salat mit den Grünkohlchips auf Tellern anrichten und nach Belieben lauwarm oder vollständig ausgekühlt servieren.

LINGUINE MIT KRÄUTER-TOFU-SAUCE

Zubereitungszeit: 20 Minuten

ZUTATEN FÜR 2 PORTIONEN

FÜR DIE SAUCE:

1 Zwiebel
1 Knoblauchzehe
1 Möhre
100 g Staudensellerie
2 EL Olivenöl
125 ml vegane Gemüsebrühe

FÜR DIE LINGUINE:

200 g vegane Linguine (schmale Bandnudeln)

200 g Tofu mit Kräutern
100 ml Sojacreme zum Kochen
einige Stängel glatte Petersilie oder Basilikum
gem. Koriander

PRO PORTION:

E: 27 g, F: 30 g, Kh: 79 g, kcal: 725

1. Für die Sauce Zwiebel und Knoblauch abziehen, in kleine Würfel schneiden. Möhre putzen, schälen, abspülen, abtropfen lassen und klein würfeln. Staudensellerie putzen, abspülen, abtropfen lassen und in feine Scheiben schneiden.

2. Olivenöl in einem Topf erhitzen. Die Zwiebel- und Knoblauchwürfel darin kurz andünsten. Möhrenwürfel und Sellerieschieben hinzugeben und mitdünsten lassen. Brühe hinzugießen und zum Kochen bringen. Alles etwa 10 Minuten bei schwacher Hitze dünsten.

3. In der Zwischenzeit für die Linguine Wasser in einem großen Topf zugedeckt zum Kochen bringen. Dann Salz und Nudeln hinzugeben. Die Nudeln im geöffneten Topf bei mittlerer Hitze nach Packungsanleitung bissfest kochen, dabei gelegentlich umrühren.

4. Tofu klein würfeln, mit Sojacreme zum Gemüse geben und aufkochen lassen. Petersilie oder Basilikum abspülen und trocken tupfen. Die Blättchen von den Stängeln zupfen, Blättchen klein schneiden.

5. Die gegarten Nudeln in ein Sieb geben und abtropfen lassen.

6. Die Tofusauce mit Salz, gemahlenem Pfeffer und Koriander würzen. Die Sauce mit den Nudeln anrichten und mit Kräutern bestreut servieren.

LINGUINE MIT OLIVEN, KAPERN UND TOMATEN

Zubereitungszeit: 30 Minuten

ZUTATEN FÜR 4 PORTIONEN

2 kleine rote Chilischoten
2 Knoblauchzehen
100 g abgetropfte getrocknete Tomaten (in Öl)
180 g abgetropfte Artischockenböden (in Lake, aus dem Glas)
1 Bund Rucola (Rauke)
500 g vegane Linguine (schmale Bandnudeln)
Tomatenöl (von den Tomaten)
4 EL Taggiasca-Oliven, ohne Stein
2 EL abgetropfte feine Kapern (aus dem Glas)
2 EL Olivenöl

PRO PORTION:

E: 18 g, F: 30 g, Kh: 96 g, kcal: 754

1. Chilischoten abspülen, trocken tupfen und entstielen. Chilischoten in feine Ringe schneiden. Knoblauch abziehen und in feine Scheiben schneiden.

2. Von den getrockneten Tomaten das Öl auffangen. Die Tomaten vierteln.

3. Artischockenböden abspülen, abtropfen lassen und in gleich große Stücke schneiden.

4. Rucola verlesen und die dicken Stiele entfernen. Rucola abspülen und gut trocken tupfen. Rucola grob zerschneiden.

5. Wasser in einem großen Topf zugedeckt zum Kochen bringen. Dann Salz und Nudeln hinzugeben. Die Nudeln im geöffneten Topf bei mittlerer Hitze nach Packungsanleitung bissfest kochen, dabei gelegentlich umrühren.

6. In der Zwischenzeit das aufgefangene Öl von den Tomaten in einer Pfanne erhitzen. Die Chiliringe, Knoblauchscheiben, Tomatenviertel und Artischocken darin andünsten.

7. Eine Suppenkelle von dem kochenden Nudelwasser hinzugeben, Oliven und Kapern unterrühren.

8. Die gegarten Nudeln in ein Sieb geben und abtropfen lassen.

9. Die Linguine mit dem Olivenöl und dem Gemüse vermengen. Linguine anrichten und mit Rucola bestreut servieren.

LINSENBÄLLCHEN MIT TAHINI-SAUCE

Zubereitungszeit: 40 Minuten
Bratzeit: etwa 15 Minuten

ZUTATEN FÜR 4 PORTIONEN

FÜR DIE BÄLLCHEN:

1 Zwiebel
150 g rote Linsen
1 Lorbeerblatt, 375 ml vegane Gemüsebrühe
175 g Hokkaido-Kürbisfruchtfleisch (etwa 1/5 kleiner Kürbis)
etwa 100 g Kichererbsenmehl
40 g Weizenmehl (Type 405)
1 gest. TL Backpulver
2–3 TL Harissa (orientalische Chili-Würzpaste; alternativ 1 EL Tomatenmark und Cayennepfeffer)

FÜR DEN TOMATENSALAT:

6–8 reife aromatische Tomaten
4 große Blätter frische Minze (alternativ Basilikum)
3 EL Sonnenblumenöl
evtl. etwas Zatar (orientalische Würzmischung aus getrockneten Kräutern, Sumach, geröstetem Sesam usw.)
1 TL brauner Zucker
1–2 EL Zitronensaft, nach Geschmack

FÜR DIE SAUCE:

etwa 40 ml Zitronensaft (frisch gepresst)
100 g Tahini (Sesampaste aus dem Glas)
1 Knoblauchzehe
Cayennepfeffer
1 Prise brauner Zucker
gem. Kreuzkümmel (Cumin)

etwa 150 ml Olivenöl
evtl. Sesam- und Schwarzkümmelsamen

PRO PORTION:

E: 23 g, F: 37 g, Kh: 49 g, kcal: 647

1. Für die Bällchen Zwiebel abziehen, fein würfeln, mit Linsen, Lorbeerblatt und Gemüsebrühe in einem Topf zum Kochen bringen und etwa 3 Minuten bei schwacher Hitze kochen lassen.

2. In der Zwischenzeit Kürbisfruchtfleisch abspülen, abtropfen lassen und fein raspeln. Kürbisraspel unter die Linsen mischen, wieder zum Kochen bringen und bei schwacher Hitze weitere 3–5 Minuten garen, bis die Linsen zu zerfallen beginnen.

3. Die Linsen-Kürbis-Mischung in eine Rührschüssel geben, etwas abkühlen lassen. Kichererbsenmehl mit Weizenmehl und Backpulver mischen. Mit etwas Salz, gemahlenem Pfeffer und Harissa zur Linsenmischung geben und alles gut durcharbeiten. Aus dem Teig mit den Händen etwa walnussgroße Bällchen formen bzw. rollen. Die Bällchen auf einem Teller mit Frischhaltefolie belegt etwa 10 Minuten quellen lassen.

4. Inzwischen für den Salat die Tomaten abspülen, trocken tupfen, halbieren und die Stängelansätze entfernen. Tomaten würfeln. Minzeblätter abspülen, trocken tupfen und klein schneiden. Mit Sonnenblumenöl, etwas Salz, gemahlenem Pfeffer, nach Belieben Zatar, Zucker und Zitronensaft unter die Tomatenwürfel mischen. Zugedeckt beiseitestellen.

5. Für die Sauce Zitronensaft, Tahini und etwa 100 ml Wasser in einem Topf mischen und unter Rühren leicht erhitzen. Knoblauch abziehen und durch eine Knoblauchpresse dazudrücken. Die Sauce mit Salz, Cayennepfeffer, etwas Zucker, Kreuzkümmel und Pfeffer würzen.

6. Das Olivenöl zum Braten in einer tiefen Pfanne erhitzen. Die Bällchen darin portionsweise von allen Seiten goldbraun braten.

7. Linsen-Bällchen mit der Tahini-Sauce und Tomatensalat anrichten. Nach Belieben etwas Sesam und Schwarzkümmel über den Salat streuen.

LINSENEINTOPF

Zubereitungszeit: 25 Minuten
Garzeit: etwa 40 Minuten

ZUTATEN FÜR 4 PORTIONEN

1 Bund Suppengrün (Sellerie, Möhren, Lauch)
250 g getrocknete Tellerlinsen
500 g vorwiegend festkochende Kartoffeln
2 Zwiebeln
2 EL Speiseöl, z. B. Sonnenblumen- oder Rapsöl
1 ½ l vegane Gemüsebrühe
Weißweinessig
2 EL klein geschnittene glatte Petersilie

PRO PORTION:

E: 20 g, F: 7 g, Kh: 48 g, kcal: 354

1. Sellerie und Möhren putzen, schälen, abspülen und abtropfen lassen. Lauch putzen, die Stange längs halbieren, gründlich waschen und abtropfen lassen. Vorbereitetes Suppengrün in kleine Stücke schneiden.

2. Linsen in ein Sieb geben, mit kaltem Wasser abspülen und abtropfen lassen. Kartoffeln schälen, abspülen, abtropfen lassen und in Würfel schneiden. Zwiebeln abziehen, halbieren, in Scheiben schneiden.

3. Speiseöl in einem Topf erhitzen. Vorbereitetes Gemüse und Kartoffelwürfel darin andünsten. Gemüsebrühe und Linsen hinzugeben, zum Kochen bringen und zugedeckt bei mittlerer Hitze etwa 40 Minuten kochen.

4. Eintopf mit Essig, Salz, gemahlenem Pfeffer und 1 Prise Zucker abschmecken, mit Petersilie bestreut servieren.

TIPPS:

Nach Belieben 1 Lorbeerblatt mitkochen und vor dem Servieren herausnehmen. Sie können die Suppe bis zu 2 Tage im Voraus zubereiten.

REZEPTVARIANTEN:

Für einen **schnellen Linseneintopf** die vorbereiteten Kartoffeln in 750 ml veganer Gemüsebrühe zugedeckt etwa 15 Minuten bei mittlerer Hitze kochen. Zum Schluss 800 g vegane Linsen mit Suppengrün (aus der Dose) hinzufügen, alles weitere etwa 5 Minuten kochen. Mit Salz, Pfeffer, Essig und Voll-Rohrzucker abschmecken.
Für einen **Kürbis-Linsen-Eintopf** 3 Zwiebeln und 2 Knoblauchzehen abziehen, beides klein würfeln. 500 g Kürbis halbieren, entkernen, schälen, das Fruchtfleisch in Stücke schneiden. 200 g Staudensellerie putzen, abspülen, abtropfen lassen, würfeln. 450 g Kartoffeln schälen, abspülen, abtropfen lassen, würfeln. 100 g Tellerlinsen mit kaltem Wasser abspülen, abtropfen lassen. 2 Esslöffel Kürbiskernöl in einem Topf erhitzen. Zwiebel- und Knoblauchwürfel darin andünsten. Vorbereitetes Gemüse mit Linsen und 1 Liter veganer Gemüsebrühe hinzugeben, zum Kochen bringen, zugedeckt 20–25 Minuten bei mittlerer Hitze kochen. 200 g vegane „Wiener" in Scheiben schneiden. 1 Bund Zitronenthymian abspülen, trocken tupfen. Blättchen von den Stängeln zupfen. „Würstchen" und Thymian in die Suppe geben, zugedeckt noch 10 Minuten garen. Die Suppe mit Salz und Pfeffer abschmecken.

LINSENPASTE

Zubereitungszeit: 15 Minuten, ohne Abkühlzeit
Garzeit: etwa 12 Minuten

ZUTATEN FÜR 4–6 PORTIONEN

150 g Linsen, z. B. rote Linsen
300 ml vegane Gemüsebrühe
1 Zwiebel
150 g Mangofruchtfleisch (vorbereitet gewogen)
1 EL Currypulver
2 EL Leinöl

PRO PORTION:

E: 8 g, F: 5 g, Kh: 17 g, kcal: 145

1. Die Linsen mit der Gemüsebrühe in einem Topf zum Kochen bringen. Linsen zugedeckt bei mittlerer Hitze etwa 12 Minuten kochen lassen (die Flüssigkeit soll von den Linsen vollständig aufgenommen werden – Packungsanleitung beachten!). Linsen erkalten lassen, dabei gelegentlich umrühren. Die Linsen mithilfe einer Gabel nur leicht zerdrücken.

2. Zwiebel abziehen und in kleine Würfel schneiden. Das Mangofruchtfleisch vom Stein schneiden, schälen und das Fruchtfleisch in kleine Würfel schneiden.

3. Linsen mit den Zwiebel- und Mangowürfeln verrühren. Curry und Leinöl unterrühren. Die Linsenpaste mit Salz und gemahlenem Pfeffer abschmecken.

4. Die Linsenpaste in ein verschließbares Gefäß füllen und in den Kühlschrank stellen.

BEILAGE:

Veganes Vollkornbrot.

TIPPS:

Aufgestrichene Linsenpaste mit klein geschnittener Petersilie bestreuen.
Im Kühlschrank und gut verschlossen ist die Linsenpaste 3–4 Tage haltbar.

LINSENSUPPE MIT KICHERERBSEN

Zubereitungszeit: 25 Minuten
Garzeit: etwa 15 Minuten

ZUTATEN FÜR 4 PORTIONEN

1 Zwiebel
1 Knoblauchzehe
1 Chilischote
2 EL Olivenöl
1 TL Currypulver
250 g rote Linsen
1 gestr. TL gem. Kreuzkümmel (Cumin)
1 ½ l vegane Gemüsebrühe

1 Bio-Zitrone (unbehandelt, ungewachst)
½ Bund Koriander
200 g abgetropfte Kichererbsen (aus der Dose)

PRO PORTION:

E: 21 g, F: 8 g, Kh: 43 g, kcal: 334

1. Zwiebel und Knoblauch abziehen. Die Zwiebel in kleine Würfel schneiden. Knoblauch durch eine Knoblauchpresse drücken. Chilischote entstielen, entkernen, abspülen, trocken tupfen und in feine Ringe schneiden.

2. Das Olivenöl in einem großen Topf erhitzen. Zwiebelwürfel, Curry, Knoblauch und Chiliringe darin unter Rühren andünsten. Die Linsen hinzufügen und mit Kreuzkümmel bestreuen. Gemüsebrühe hinzugießen. Die Zutaten zum Kochen bringen und zugedeckt bei schwacher Hitze etwa 15 Minuten leicht kochen lassen, dabei gelegentlich umrühren.

3. In der Zwischenzeit die Zitrone heiß abwaschen, abtrocknen und die Schale fein abreiben. Die Zitrone halbieren und den Saft auspressen. Den Koriander abspülen und gut trocken tupfen. Die Blättchen von den Stängeln zupfen. Einige

Korianderblättchen zum Garnieren beiseitelegen, die restlichen Blättchen grob zerkleinern.

4. Etwa die Hälfte der Linsen mit einer Schaumkelle aus der Suppe nehmen. Die restliche Suppe mit einem Pürierstab fein pürieren.

5. Die abgeschöpften Linsen mit den Kichererbsen und den zerkleinerten Korianderblättchen in die pürierte Suppe geben und miterhitzen. Die Suppe mit Salz, gemahlenem Pfeffer, Zitronenschale und -saft abschmecken. Die Linsensuppe mit Korianderblättchen garniert servieren.

BEILAGE:

Die Linsensuppe mit veganen Papadams (frittierte Fladen aus Linsenmehl), veganem Fladen- oder indischem Fladenbrot (Naan) servieren. Achtung: Naan enthält häufig Milch oder Joghurt.

TIPP:

Die Suppe ist schnell gemacht, kann aber auch am Vorabend zubereitet werden. Die Linsen dann nur knapp gar kochen, damit sie beim Wiedererwärmen nicht ganz zerfallen. Die erkaltete Suppe in den Kühlschrank stellen. Den Koriander erst kurz vor dem Servieren in die Suppe geben.

LINSEN-TOMATEN-TOPF

Zubereitungszeit: 25 Minuten
Garzeit: etwa 35 Minuten

ZUTATEN FÜR 4 PORTIONEN

150 g grüne Linsen
150 g rote Linsen
150 g gelbe Linsen
2 Frühlingszwiebeln
400 g Tomaten
2 Bund glatte Petersilie
2–3 EL Olivenöl
500 ml vegane Gemüsebrühe

PRO PORTION:

E: 29 g, F: 8 g, Kh: 63 g, kcal: 453

1. Die verschiedenen Linsen getrennt voneinander nach Packungsanleitung knapp bissfest garen (je nach Sorte 10–30 Minuten) und anschließend abtropfen lassen.

2. Die Frühlingszwiebeln putzen, abspülen, abtropfen lassen und in feine Scheiben schneiden. Die Tomaten abspülen, abtrocknen, halbieren und die Stängelansätze herausschneiden. Die Tomatenhälften grob würfeln.

3. Die Petersilie abspülen, trocken tupfen und die Blättchen von den Stängeln zupfen. Die Blättchen klein schneiden.

4. Das Olivenöl in einem Topf erhitzen. Frühlingszwiebelscheiben und Tomatenwürfel darin unter Rühren andünsten.

5. Rote, gelbe und grüne Linsen mit der Petersilie hinzufügen. Die Linsen-Gemüse-Mischung mit Salz und gemahlenem Pfeffer kräftig würzen.

6. Die Gemüsebrühe hinzugießen. Die Zutaten zum Kochen bringen und zugedeckt bei schwacher Hitze etwa 5 Minuten köcheln lassen.

BEILAGE:

Geröstete Brotstreifen. Dafür schneiden Sie 2 Scheiben veganes Toastbrot jeweils in 4 Streifen. Geben Sie 1 Esslöffel Knoblauch-Olivenöl in eine Pfanne und rösten Sie die Brotstreifen darin bei mittlerer Hitze goldbraun. Die Brotstreifen mit etwas Salz und evtl. gerebeltem Thymian würzen.

TIPP:

Der bunte Linsentopf ist ideal, wenn Sie schon am Vortag wissen, dass die Zeit zum Kochen am nächsten Tag knapp ist. Garen Sie die Linsen nach Packungsanleitung. Stellen Sie die erkalteten Linsen bis zur Verwendung in den Kühlschrank.

MANDELCREME MIT BEERENKOMPOTT

Zubereitungszeit: 30 Minuten, ohne Kühlzeit

ZUTATEN FÜR 4 PORTIONEN

6 g Agar-Agar
600 ml ungesüßter Mandeldrink (natur)
½ Vanilleschote
80 g Roh-Rohrzucker
½ Stange Zimt
8 Tropfen Bittermandel-Aroma
4 EL gehobelte Mandeln
500 g Erdbeeren
2 EL Vanille-Zucker
250 g Himbeeren
125 g Heidelbeeren

PRO PORTION:

E: 7 g, F: 12 g, Kh: 48 g, kcal: 342

1. Agar-Agar in einer halben Tasse Mandeldrink glatt rühren. Restlichen Mandeldrink mit der ausgekratzten Vanilleschote und dem Vanillemark, Zucker, Zimt und Aroma in einem Topf zum Kochen bringen. Das angerührte Agar-Agar unter ständigem Rühren in den Topf geben und 1–2 Minuten unter Rühren kochen lassen.

2. Den Mandeldrink durch ein ganz feines Sieb passieren und sofort in 4 mit kaltem Wasser ausgespülten Förmchen verteilen. Die Förmchen mit Frischhaltefolie zugedeckt etwa 2 Stunden in den Kühlschrank stellen.

3. Inzwischen die Mandeln in einer Pfanne ohne Fett unter Wenden goldbraun rösten, auf einen Teller geben und erkalten lassen.

4. Die Erdbeeren putzen, abspülen, gut abtropfen lassen und vierteln. Die Hälfte der Erdbeeren mit Vanille-Zucker pürieren. Die Himbeeren und Heidelbeeren verlesen, evtl. kurz abspülen, trocken tupfen und mit den restlichen Erdbeeren in die pürierte Erdbeersauce geben.

5. Die Förmchen mit der Mandelcreme kurz in heißes Wasser tauchen und anschließend auf Dessertteller stürzen. Die Mandelcreme mit dem Beerenkompott und den Mandeln garnieren und servieren.

MANDEL-ZITRONEN-SAUCE ZU PASTA

Zubereitungszeit: 30 Minuten

ZUTATEN FÜR 4 PORTIONEN

2 Knoblauchzehen
2 Schalotten
1 mehligkochende Kartoffel (etwa 150 g)
2 EL Sonnenblumenöl
500 ml vegane Gemüsebrühe
1 kleines Lorbeerblatt

500 g vegane Nudeln, z. B. Castellane

1 Bio-Zitrone (unbehandelt, ungewachst)
3 TL weißes Mandelmus (aus dem Glas, erhältlich im Reformhaus oder Bioladen)
2–3 EL Schnittlauchröllchen (frisch oder TK)

PRO PORTION:

E: 18 g, F: 10 g, Kh: 95 g, kcal: 560

1. Die Knoblauchzehen und Schalotten abziehen und fein würfeln. Kartoffel schälen, abspülen, abtropfen lassen und in 1 cm große Würfel schneiden.

2. Das Sonnenblumenöl in einem Topf erhitzen. Knoblauch- und Schalottenwürfel darin unter Rühren goldgelb andünsten. Kartoffelwürfel, Brühe und Lorbeerblatt hinzugeben. Die Zutaten zum Kochen bringen und die Flüssigkeit offen etwa um die Hälfte einkochen lassen.

3. Inzwischen Wasser in einem großen Topf zugedeckt zum Kochen bringen. Dann Salz und Nudeln zugeben. Die Nudeln im geöffneten Topf bei mittlerer Hitze nach Packungsanleitung bissfest kochen, dabei gelegentlich umrühren.

4. Das Lorbeerblatt aus dem eingekochten Saucenfond entfernen, dann den Fond mit einem Pürierstab so lange kräftig durchpürieren, bis eine sämige Sauce entstanden ist.

5. Zitrone heiß abwaschen und abtrocknen. ½ Teelöffel Zitronenschale fein abreiben. Zitrone halbieren, den Saft auspressen und 3 Esslöffel davon abmessen.

6. Zitronenschale und Mandelmus zu der Sauce geben und sorgfältig unterrühren. Die Sauce mit Salz, gemahlenem Pfeffer und 2 Esslöffeln Zitronensaft abschmecken. Die Schnittlauchröllchen unterrühren. Evtl. den restlichen Zitronensaft unterrühren.

7. Die Nudeln in ein Sieb geben, abtropfen lassen und mit der Sauce servieren.

TIPPS:

Nach Belieben können Sie zusätzlich Brokkoliröschen, gedünsteten Spinat oder Mangold kurz mit den Nudeln mitkochen.
Auf die Schnittlauchröllchen in der Sauce können Sie auch verzichten.

MANGO-KICHERERBSEN-„FRIKADELLEN“

Zubereitungszeit: 25 Minuten
Garzeit: Linsen 10–15 Minuten
Garzeit: Sauce etwa 20 Minuten
Bratzeit: „Frikadellen“ 6–8 Minuten

ZUTATEN FÜR 2 PORTIONEN

FÜR DIE „FRIKADELLEN“:

125 g rote Linsen
1 Zwiebel, 1 EL Olivenöl

FÜR DIE PAPRIKASAUCE:

1 rote Paprikaschote (etwa 200 g)
100 ml vegane Gemüsebrühe

75 g Mangofruchtfleisch (vorbereitet gewogen)
150 g abgetropfte Kichererbsen (aus der Dose)
2 EL Sojamehl (erhältlich im Reformhaus oder Naturkostladen, möglichst kein Vollfett-Mehl)
1 Msp. Cayennepfeffer
1 Knoblauchzehe
1 EL Apfel- oder weißer Balsamico-Essig
2 EL Olivenöl

PRO PORTION:

E: 29 g, F: 22 g, Kh: 56 g, kcal: 543

1. Für die „Frikadellen“ die Linsen nach Packungsanleitung in reichlich Wasser in 10–15 Minuten bissfest garen. Gegarte Linsen in ein Sieb abgießen und mit kaltem Wasser abspülen. Anschließend Linsen abtropfen und abkühlen lassen.

2. In der Zwischenzeit die Zwiebel abziehen und fein würfeln. Öl in einer Pfanne erhitzen.

3. Die Zwiebelwürfel darin andünsten. Zwiebelmasse auf einen Teller geben und beiseitestellen.

4. Für die Sauce die Paprikaschote halbieren, entstielen, entkernen und die weißen Scheidewände entfernen. Schote abspülen, abtropfen lassen und in kleine Würfel schneiden. Die Paprikawürfel in einer Pfanne ohne Fett bei mittlerer bis starker Hitze in etwa 10 Minuten braun anbraten, dabei gelegentlich umrühren. Gemüsebrühe angießen, alles einmal aufkochen lassen und die Paprikawürfel zugedeckt bei schwacher Hitze etwa 10 Minuten gar dünsten.

5. In der Zwischenzeit Mangofruchtfleisch in kleine Würfel schneiden. Die Kichererbsen abspülen, gut abtropfen lassen und in einer Schüssel pürieren. Die Kichererbsenmasse mit Linsen, Zwiebelmasse, Mangowürfeln, Sojamehl sowie Salz, gemahlenem Pfeffer und etwas Cayennepfeffer gut verrühren, nach Belieben nochmals mit den Gewürzen abschmecken.

6. Die Pfanne mit der Paprika von der Kochstelle nehmen. Knoblauch abziehen, grob hacken und mit den Paprikawürfeln in einen hohen Rührbecher geben. Essig und 1 Esslöffel von dem Olivenöl hinzufügen. Die Zutaten mit dem Pürierstab zu einer glatten, leicht dicklichen Sauce verrühren. Paprikasauce mit Salz und Pfeffer abschmecken.

7. Aus der Kichererbsenmasse mit leicht angefeuchteten Händen 6 flache „Frikadellen“ formen. Das restliche Öl in einer Pfanne erhitzen. Die „Frikadellen“ darin bei mittlerer bis starker Hitze in 3–4 Minuten braun anbraten, dabei vorsichtig wenden. Die Mango-Kichererbsen-„Frikadellen“ mit der Paprikasauce anrichten.

BEILAGE:

Ein frischer grüner Salat.

TIPPS:

Für mehr Schärfe die Paprikasauce zusätzlich mit ½–1 Teelöffel Harissa (scharfe Gewürzpaste) abschmecken.
Fertig gegarte „Frikadellen“ gut verpackt am besten im Kühlschrank aufheben. Sie schmecken zum Beispiel auch als Brotbelag.

MEERRETTICH-RISOTTO ZU ROTE-BETE-PICCATA

- Zubereitungszeit: 25 Minuten
  Garzeit: Risotto etwa 20 Minuten
- ▲ Mit Alkohol

ZUTATEN FÜR 4 PORTIONEN

FÜR DEN AUSBACKTEIG:

150 g Kichererbsenmehl
50 g geröstetes Sojamehl
etwas gerebelter Thymian
6–8 EL Olivenöl

FÜR DAS RISOTTO:

etwa 1,1 l kräftige vegane Gemüsebrühe
1 mittelgroße Zwiebel
1–2 Knoblauchzehen
1 EL Olivenöl
300 g Risottoreis (Rundkornreis; z. B. die Sorten Aborio oder Carnaroli)
150 ml veganer Weißwein (nach Belieben, alternativ Gemüsebrühe)

FÜR DIE PICCATA:

3–4 mittelgroße gegarte Rote-Bete-Knollen (je etwa 300 g)
etwa 4 EL Weizenmehl zum Wenden

FÜR DAS TOPPING:

2–3 Stängel frischer Thymian oder 2 TL gerebelter Thymian
3 EL abgezogene, geröstete Haselnusskerne oder gehobelte Haselnusskerne
fein abger. Schale von ½ Bio-Zitrone (unbehandelt, ungewachst)

2–3 EL ger. Meerrettich (aus Glas oder Tube)

PRO PORTION:

E: 27 g, F: 33 g, Kh: 109 g, kcal: 877

1. Für den Ausbackteig Kichererbsen-, Sojamehl, 1 gestrichenen Teelöffel Salz und Thymian in einer Rührschüssel mischen. 1 Teelöffel Olivenöl und etwa 125 ml lauwarmes Wasser nach und nach unterrühren, sodass ein glatter Teig entsteht. Den Teig etwa 20 Minuten quellen lassen.

2. In der Zwischenzeit für das Risotto Brühe erhitzen. Zwiebel und Knoblauch abziehen und in feine Würfel schneiden. Olivenöl in einem Topf erhitzen. Zwiebel- und Knoblauchwürfel darin glasig andünsten. Den Reis hinzugeben und unter Rühren ebenfalls glasig werden lassen.

3. Den Wein hinzugießen und unter Rühren fast komplett einkochen lassen. Nun nach und nach jeweils etwa so viel heiße Brühe angießen, dass der Reis stets knapp mit Flüssigkeit bedeckt ist. Reis unter gelegentlichem Rühren etwa 20 Minuten mit noch leichtem Biss garen.

4. Für die Piccata Rote Bete in etwa 1 cm dicke Scheiben schneiden. Die Scheiben trocken tupfen, mit Salz und gemahlenem Pfeffer würzen und in Mehl wenden.

5. Evtl. noch etwas Wasser unter den Ausbackteig rühren, falls dieser zu fest geworden ist. Restliches Olivenöl in einer großen Pfanne erhitzen. Überschüssiges Mehl leicht von den Bete-Scheiben abklopfen. Scheiben einzeln durch den Ausbackteig ziehen, etwas abtropfen lassen. Die Rote-Bete-Scheiben in dem heißen Fett von beiden Seiten knusprig braten. Piccata auf Küchenpapier kurz abtropfen lassen.

6. Für das Topping Thymian abspülen, trocken tupfen und die Blättchen von den Stängeln zupfen. Haselnusskerne grob hacken, mit Thymian und Zitronenschale mischen.

7. Das Risotto mit Salz, gemahlenem Pfeffer und Meerrettich abschmecken. Risotto und Rote-Bete-Piccata auf Tellern anrichten. Das Nuss-Topping über das Risotto streuen.

MISOSUPPE MIT TOFU UND ALGEN

Zubereitungszeit: 25 Minuten

ZUTATEN FÜR 4 PORTIONEN

4 Frühlingszwiebeln
2 Möhren
1 rote Paprikaschote
50 g Zuckerschoten
80 g Shiitakepilze oder braune Champignons
100 g Tofu
1 EL Rapsöl
6 EL helle Misopaste
(fermentierte Sojabohnenpaste, erhältlich im Asialaden)
2 EL getrocknete Wakame-Algen oder andere getrocknete Meeresalgen
(erhältlich im Asialaden)

PRO PORTION:

E: 9 g, F: 6 g, Kh: 21 g, kcal: 173

1. Die Frühlingszwiebeln putzen, abspülen, abtropfen lassen und schräg in dünne Scheiben schneiden. Die Möhren putzen, schälen, abspülen, abtropfen lassen und in dünne Scheiben schneiden.

2. Paprika halbieren, entstielen, entkernen. Weiße Scheidewände entfernen. Schote abspülen, abtropfen lassen, in feine Streifen schneiden. Von den Zuckerschoten die Enden abschneiden, dabei die Fäden abziehen. Schoten abspülen, abtropfen lassen, in Stücke schneiden.

3. Die Pilze putzen, mit Küchenpapier abreiben, evtl. abspülen und auf Küchenpapier abtropfen lassen. Angetrocknete Stielenden der Shiitakepilze entfernen. Die Pilze je nach Größe etwas kleiner schneiden. Tofu in etwa 1 cm große Würfel schneiden.

4. Rapsöl in dem Topf erhitzen. Die Frühlings- und Möhrenscheiben, Paprikastreifen und Zuckerschotenstücke hinzufügen, kurz unter Rühren andünsten. 800 ml kochendes Wasser hinzugießen und alles zum Kochen bringen. Den Topf von der Kochstelle nehmen.

5. Die Misopaste in eine kleine Schüssel geben und etwa 6 Esslöffel von der Suppe (Brühe) unterrühren.

6. Die Misopasten-Masse unter die Suppe rühren, die Suppe aber nicht mehr kochen lassen. Pilzstücke, Tofuwürfel und Algen in die Suppe geben, unterrühren und bei schwacher Hitze darin erwärmen.

TIPPS:

Die Misosuppe ist ein fester Bestandteil in der japanischen Esskultur und die Misopaste die Basis für viele Gerichte in Japan. Misopaste wird oftmals in verschiedenen Geschmacksnuancen (mit und ohne Zusatzstoffe und Geschmacksverstärker, von süßlich-mild über herzhaft-würzig bis sehr salzig; je nach Getreidesorte und Dauer des Fermentierens) angeboten. Probieren Sie einfach die Produktpalette durch, bis Sie Ihren Favoriten gefunden haben.
Algen haben teilweise einen sehr hohen Jodgehalt, da sie bis zu einem Jahr im Meerwasser wachsen können, bevor sie geerntet werden. Algen sollten deshalb nur maßvoll gegessen werden und bei Schilddrüsenüberfunktion (ähnlich wie Jodsalz) eher gemieden werden.

MISOSUPPE MIT ZUCKERSCHOTEN

Zubereitungszeit: 20 Minuten
Garzeit: etwa 5 Minuten

ZUTATEN FÜR 2 PORTIONEN

4 Frühlingszwiebeln
100 g Zuckerschoten
600 ml vegane Gemüsebrühe
1 TL Misopaste
(etwa 10 g – Würzpaste, erhältlich im Asialaden)
20 g vegane Wok-Nudeln
(Instant-Nudeln)
50 g abgetropfte Bambusschösslinge, in Streifen
(aus dem Glas)
1 TL Sesamöl
1 TL vegane Sojasauce
½–1 TL Weißweinessig

PRO PORTION:

E: 8 g, F: 6 g, Kh: 28 g, kcal: 201

1. Frühlingszwiebeln putzen, abspülen, abtropfen lassen und in feine Scheiben schneiden. Von den Zuckerschoten die Enden abschneiden, die Schoten evtl. abfädeln. Schoten abspülen, abtropfen lassen und schräg in Stücke schneiden.

2. Die Gemüsebrühe mit Miso in einem Topf unter gelegentlichem Rühren bei starker Hitze zum Kochen bringen.

3. Die Nudeln hinzufügen und alles zugedeckt etwa 3 Minuten bei mittlerer Hitze kochen lassen.

4. Bambusschösslinge, Frühlingszwiebelscheiben und Zuckerschotenstücke hinzufügen.

5. Alles erneut zum Kochen bringen und zugedeckt bei schwacher bis mittlerer Hitze weitere etwa 2 Minuten garen, bis das Gemüse und die Nudeln bissfest sind. Den Topf von der Kochstelle nehmen.

6. Die Suppe mit Sesamöl, Sojasauce, Essig, evtl. Salz und gemahlenem Pfeffer pikant abschmecken. Die Suppe in Schälchen servieren.

MOUSSE AU CHOCOLAT MIT HIMBEERSAUCE

Zubereitungszeit: 45 Minuten

ZUTATEN FÜR 12 PORTIONEN

300 g vegane Zartbitter-Schokolade
450 g TK-Himbeeren
1 Pck. Bourbon-Vanille-Zucker
200 g gekühlte Sojacreme zum Aufschlagen
1 Vanilleschote
800 g abgetropfter Seidentofu
2 EL gesiebtes Kakaopulver
2 EL Voll-Rohrzucker

ZUM GARNIEREN:

einige Stängel Minze
24 frische Himbeeren

PRO PORTION:

E: 7 g, F: 12 g, Kh: 19 g, kcal: 218

1. Die Schokolade in kleine Stücke brechen und in einem Topf im Wasserbad bei schwacher Hitze unter Rühren schmelzen.

2. Die Himbeeren mit dem Vanille-Zucker mischen und antauen lassen.

3. Die Sojacreme steif schlagen und zugedeckt in den Kühlschrank stellen.

4. Die Vanilleschote längs aufschneiden, das Mark herausschaben. Seidentofu in Stücke schneiden, mit Kakao, Vanillemark und dem Rohrzucker in einer Rührschüssel pürieren.

5. Die lauwarme, geschmolzene Schokolade mit einem Schneebesen unter das Seidentofupüree rühren. Die geschlagene Sojacreme unterheben.

6. Die Mousse gleichmäßig in 12 Gläsern verteilen und in den Kühlschrank stellen.

7. Die angetauten Himbeeren mit einem Pürierstab fein pürieren und durch ein feines Sieb passieren. Die Himbeersauce auf der Mousse verteilen.

8. Minze abspülen, trocken tupfen und die Blättchen von den Stängeln zupfen. Himbeeren evtl. vorsichtig abspülen und auf Küchenpapier abtropfen lassen. Die Mousse mit Himbeeren und Minze garniert servieren.

TIPPS:

Sie können die Schokolade auch im Backofen (bei Heißluft: etwa 50 °C) schmelzen. Dazu die Schokoladenstücke in eine hitzebeständige Schüssel geben und diese in den vorgeheizten Backofen geben. Dabei die Schokolade gelegentlich umrühren.
Achten Sie beim Einkaufen darauf, dass Sie Sojacreme wählen, auf deren Packung der Hinweis „Aufschlagbar mit Sahnestandmittel“ zu finden ist. Außerdem ist es sehr zu empfehlen, die Packung bereits am Vortag in den Kühlschrank zu stellen. Die Sojacreme lässt sich gut durchgekühlt viel besser aufschlagen.
Sie können natürlich auch frische Himbeeren verwenden. Diese verlesen, nach Möglichkeit aber nicht abspülen. Dann wie unter Punkt 7 beschrieben mit dem Vanille-Zucker fein pürieren und durch ein feines Sieb streichen.
Wenn Sie Gäste eingeladen haben, können Sie am Vortag bereits die Mousse (Punkte 1 und 3 bis 6) zubereiten. Für die Himbeersauce die gefrorenen Himbeeren etwa 30 Minuten vor dem Servieren mit dem Zucker mischen und dann angetaut pürieren. Inzwischen die Minze und die frischen Himbeeren vorbereiten.

NUSS-„SCHNITZELCHEN“ MIT SALAT

Zubereitungszeit: 30 Minuten
Bratzeit: 5–6 Minuten

ZUTATEN FÜR 2 PORTIONEN

FÜR DEN SALAT:

½ Kopf grüner Salat, z. B. Kopf- oder Eisbergsalat
1 gelbe Paprikaschote
½ Bio-Salatgurke
1 kleines Bund Radieschen

FÜR DIE SALATSAUCE:

2 EL Nussöl, z. B. Walnuss- oder Kürbiskernöl
1–1 ½ EL Kräuter- oder Apfelessig
1 Prise Voll-Rohrzucker

FÜR DIE NUSS-„SCHNITZELCHEN“:

200 g Tofu (natur)
4 EL Weizenmehl (Type 1050)
4–5 EL ungesüßter Sojadrink (natur)
60 g gehackte Haselnusskerne oder Mandeln
1 ½–2 EL Speiseöl, z. B. Sojaöl

PRO PORTION:

E: 23 g, F: 34 g, Kh: 21 g, kcal: 484

1. Den Salat putzen, waschen, gut abtropfen lassen oder trocken schleudern. Salat in mundgerechte Stücke zupfen. Die Paprikaschote halbieren, entstielen, entkernen und die weißen Scheidewände entfernen. Schote abspülen, abtropfen lassen und in schmale Streifen schneiden.

2. Salatgurke abspülen, abtrocknen und das Ende abschneiden. Gurke längs halbieren und das Fruchtfleisch quer in möglichst dünne Scheiben schneiden. Von den Radieschen Blätter, Spitzen und schlechte Stellen abschneiden. Radieschen abwaschen und trocken tupfen, anschließend halbieren und in schmale Spalten schneiden.

3. Für die Sauce Öl mit Essig verschlagen, mit Salz, gemahlenem Pfeffer und Zucker würzen.

4. Für die Nuss-„Schnitzelchen“ den Tofu in dünne, kleine Dreiecke schneiden. Mehl, Sojadrink und Nüsse oder Mandeln getrennt in 3 kleine, tiefe Teller geben.

5. Die Dreiecke mit Salz und Pfeffer würzen. Anschließend zunächst in Mehl, dann in dem Sojadrink und zuletzt in den Nüssen oder Mandeln wenden.

6. Öl in einer großen Pfanne erhitzen. Die „Schnitzelchen“ darin bei mittlerer Hitze in 5–6 Minuten goldbraun braten, dabei einmal wenden. „Schnitzelchen“ auf Küchenpapier abtropfen lassen.

7. Salat, Paprika, Gurke und Radieschen mit der Sauce in eine Schüssel geben und vermengen. Den Salat auf Tellern anrichten. Die Nuss-„Schnitzelchen“ darauf anrichten.

TIPPS:

Die Nüsse haften am besten an den „Schnitzelchen“, wenn Sie immer nur eine kleine Nussmenge auf den Teller geben und die „Schnitzelchen“ darin wenden.
Den Teller zwischendurch immer wieder mit Küchenpapier trocken wischen und neue Nüsse hineingeben. So verhindern Sie, dass herunterlaufender Sojadrink die Nüsse durchweicht und sie deshalb nicht mehr so gut haften bleiben.

OFENGEMÜSE „TO GO“

Zubereitungszeit: 20 Minuten
Röstzeit: 30–35 Minuten

ZUTATEN FÜR 4 PORTIONEN

FÜR DAS WÜRZÖL:

4 Stängel frischer Thymian, 4 Salbeiblätter
4 Stängel Majoran, 3 Stängel Rosmarin
2 Knoblauchzehen, 80 ml Olivenöl
4 EL Zitronensaft (frisch gepresst)

4 rote Zwiebeln
2 Paprikaschoten
(400 g, evtl., rot, grün oder gelb)
650 g Hokkaido-Kürbis
1 Aubergine (etwa 300 g)
2 Zucchini (etwa 400 g)

FÜR DIE AIOLI:

50 ml ungesüßter Sojadrink (natur, zimmerwarm)
1 Knoblauchzehe
1 TL mittelscharfer Senf
1 TL Zitronensaft (frisch gepresst)
80–100 ml Soja- oder anderes
geschmacksneutrales Speiseöl
½ Bund Basilikum

4–6 vegane Weizen-Wraps (z. B. aus dem Brotregal)
oder kleine vegane Pide-Brötchen-Taschen

PRO PORTION:

E: 16 g, F: 42 g, Kh: 72 g, kcal: 761

1. Für das Würzöl Kräuter abspülen, trocken tupfen, die Blättchen bzw. Nadeln von den Stängeln zupfen und grob zerschneiden. Knoblauch abziehen und fein würfeln. Olivenöl mit Knoblauchwürfeln, Kräutern, Salz, gemahlenem Pfeffer und Zitronensaft verschlagen.

2. Den Backofen vorheizen.
Ober-/Unterhitze: etwa 220 °C
Heißluft: etwa 200 °C

3. Die Zwiebeln abziehen und in Spalten schneiden. Paprikaschoten abspülen, abtropfen lassen, halbieren, entstielen, entkernen und die weißen Scheidewände entfernen. Schoten in Streifen schneiden. Kürbis abspülen, trocken tupfen, halbieren und die Kerne mit einem Löffel herausschaben. Den Kürbis in mundgerechte Stücke schneiden. Aubergine und Zucchini abspülen, abtrocknen und die Enden abschneiden. Aubergine in Stifte schneiden. Zucchini längs halbieren, vierteln und klein schneiden.

4. Das vorbereitete Gemüse mit dem Würzöl mischen und in einer Fettpfanne verteilen. Die Fettpfanne in den vorgeheizten Backofen schieben. Das Ofengemüse **30–35 Minuten rösten,** dabei 2–3-mal wenden.

5. Für die Aioli den Sojadrink in einen hohen schmalen Mixbecher geben. Knoblauch abziehen, in feine Würfel schneiden. Knoblauchwürfel, 1 Prise Zucker, Salz, Senf und Zitronensaft zum Sojadrink geben. Das Soja- oder Speiseöl hinzugießen. Die Zutaten mit einem Pürierstab zu einer dickcremigen Aioli mixen. Basilikum abspülen, trocken tupfen und die Blättchen von den Stängeln zupfen, Blättchen klein schneiden und unter die Aioli rühren. Mit Salz, Pfeffer und evtl. noch etwas Zitronensaft abschmecken.

6. Das Backblech mit dem gerösteten Gemüse auf einen Rost stellen.

7. Pide-Brötchen oder Wraps auf einem Rost verteilen und in dem heißen Backofen nach Packungsanleitung rösten, bzw. erhitzen.

8. Die Gemüsemischung auf den Wraps verteilen oder in die Pitataschen füllen. Mit Aioli beträufeln und die Wraps aufrollen. Wraps nach Belieben mit Butterbrotpapier umwickeln, halbieren und noch warm oder kalt anrichten.

OKRAS IN CURRY-TOMATEN-SAUCE

Zubereitungszeit: 30 Minuten
Kochzeit: Sauce etwa 5 Minuten
Frittierzeit: Okras 6–12 Minuten

ZUTATEN FÜR 4 PORTIONEN

75 g Schalotten
75 g Frühlingszwiebeln
650 g Strauchtomaten
½–1 rote Chilischote
2 getrocknete Curryblätter
je 2 Stängel Koriander, Thai-Basilikum und Minze
1 Bio-Limette (unbehandelt, ungewachst)
75 g vegane Margarine
1 TL gem. Ingwer
1 EL Currypulver, mild
¼ TL gem. Gewürznelken
1 kg frische Okraschoten
etwa 1 l Pflanzenöl

PRO PORTION:

E: 7 g, F: 20 g, Kh: 13 g, kcal: 265

1. Schalotten abziehen und in kleine Würfel schneiden. Frühlingszwiebeln putzen, abspülen, abtropfen lassen und in 1 cm breite Scheiben schneiden. Tomaten abspülen, abtrocknen, halbieren und die Stängelansätze herausschneiden. Tomaten in kleine Stücke schneiden. Chilischote abspülen, trocken tupfen, entstielen und mit den Kernen fein würfeln.

2. Curryblätter fein zerreiben. Koriander, Thai-Basilikum und Minze abspülen, trocken tupfen. Die Blättchen von den Stängeln zupfen. Die Limette heiß abwaschen, abtrocknen und in kleine Stücke schneiden.

3. Margarine in einer Pfanne zerlassen. Schalottenwürfel und Frühlingszwiebelscheiben darin bei mittlerer Hitze unter Rühren kräftig andünsten. Chili, Curryblätter, Ingwer, Curry und Nelken untermischen. Die Gewürze kurz mit anrösten. Tomatenstücke unterrühren und zum Kochen bringen. Die Curry-Tomaten-Sauce etwa 5 Minuten bei mittlerer Hitze stark kochen lassen.

4. Okraschoten putzen und die Stielansätze mit den Spitzen (Kappen) abschneiden. Okraschoten abspülen und trocken tupfen.

5. Pflanzenöl in einem hohen Topf oder in einer Fritteuse auf etwa 175 °C erhitzen. Die Okraschoten darin in 2–3 Portionen 3–4 Minuten frittieren, dabei jeweils einmal wenden. Die Okraschoten mit einer Schaumkelle herausnehmen und auf Küchenpapier abtropfen lassen.

6. Okraschoten in der heißen Curry-Tomaten-Sauce schwenken, mit Salz würzen und auf Tellern anrichten. Die Okraschoten mit den Kräuterblättchen bestreuen und den Limettenstücken servieren. Nach Belieben den Saft der Limettenstücke auf die Okraschoten träufeln.

BEILAGE:

Basmatireis.

OLIVENPASTE

Zubereitungszeit: 20 Minuten

ZUTATEN FÜR 4 PORTIONEN

100 g Tomaten
200 g schwarze Oliven, ohne Stein
2 Knoblauchzehen
1 EL Kapern (aus dem Glas)
1–2 Chilischoten
75–100 ml Olivenöl
gerebelter Thymian

PRO PORTION:

E: 2 g, F: 39 g, Kh: 6 g, kcal: 380

1. Tomaten kreuzweise einschneiden und mit kochendem Wasser übergießen. Nach 1–2 Minuten herausnehmen und mit kaltem Wasser abschrecken. Tomaten enthäuten, halbieren, entkernen und die Stängelansätze herausschneiden. Tomatenhälften in kleine Würfel schneiden.

2. Oliven eventuell in kleine Stücke schneiden. Knoblauch abziehen. Kapern abtropfen lassen. Chilischoten längs aufschneiden, entkernen, abspülen und trocken tupfen.

3. Olivenstücke, Knoblauch, Kapern, Chilischoten, Tomaten und Olivenöl in einen hohen Rührbecher geben. Die Zutaten mit einem Mixstab pürieren. Mit gemahlenem Pfeffer und Thymian abschmecken.

BEILAGE:

Geröstete vegane Baguette- oder Ciabattascheiben.

TIPPS:

Im Kühlschrank ist die Olivenpaste 4–5 Tage haltbar.
Die Olivenpaste ist eine wunderbare Ergänzung für italienische Antipasti.

ONE-POT-PASTA

Zubereitungszeit: 15 Minuten
Garzeit: Pastatopf etwa 10 Minuten

ZUTATEN FÜR 4 PORTIONEN

3 mittelgroße Zwiebeln
2 Knoblauchzehen
je 1 rote und grüne Paprikaschote (zubereitet gewogen etwa 240 g)
30 g abgetropfte, getrocknete Tomaten (in Öl)
6 EL Olivenöl
1 Lorbeerblatt
300 g vegane kleine Penne oder Makkaroni (Garzeit etwa 7 Minuten)
300 ml ungesüßter Hafer- oder Mandeldrink (natur)
2 TL veganes Gemüsebrühe-Pulver

150 g Cocktailtomaten

1 gehäufter EL Cashewmus (aus dem Glas)
1 gehäufter EL Hefeflocken
½ Bund Basilikum

PRO PORTION:

E: 14 g, F: 23 g, Kh: 66 g, kcal: 541

1. Zwiebeln abziehen. 2 Zwiebeln in feine Spalten schneiden. Knoblauch abziehen und in feine Würfel schneiden. Paprikaschoten halbieren, entstielen, entkernen und die weißen Scheidewände entfernen. Schoten abspülen, trocken tupfen und in 2–3 cm große Stücke schneiden. Getrocknete Tomaten in Stückchen schneiden.

2. In einem großen Topf 2 Esslöffel Olivenöl erhitzen. Zwiebelspalten, Knoblauchwürfel, getrocknete Tomatenstückchen und Lorbeerblatt darin unter Wenden andünsten. Nudeln und Paprikastücke hinzufügen, kurz mit andünsten. Mit Hafer- oder Mandeldrink und etwa 550 ml Wasser ablöschen, mit Gemüsebrühe-Pulver, Salz und gemahlenem Pfeffer würzen. Die Zutaten durchrühren und bei schwacher bis mittlerer Hitze zum Kochen bringen.

3. Den Pasta-Topf zugedeckt unter häufigem Rühren bei schwacher bis mittlerer Hitze etwa 6 Minuten garen.

4. In der Zwischenzeit Tomaten abspülen, trocken tupfen, halbieren und die Stängelansätze herausschneiden. Restliche Zwiebel zuerst in dünne Scheiben schneiden, dann in Ringe teilen. Restliches Olivenöl in einer kleinen Pfanne erhitzen. Die Zwiebelringe darin goldbraun braten. Mit etwas Salz würzen.

5. Cashewmus und Hefeflocken unter den Pasta-Topf rühren. Nochmals bei schwacher bis mittlerer Hitze erhitzen, Tomatenhälften unterheben. One-Pot-Pasta bei schwacher Hitze unter vorsichtigem Rühren evtl. noch etwas sämiger einkochen lassen.

6. Basilikum abspülen, trocken tupfen und die Blättchen von den Stängeln zupfen. One-Pot-Pasta nochmals abschmecken, mit Basilikumblättchen bestreut anrichten und servieren.

TIPP:

Dazu einen frischen, gemischten Salat servieren.

ORIENTALISCHER PILAW

Zubereitungszeit: 30 Minuten
Garzeit: etwa 30 Minuten

ZUTATEN FÜR 8 PORTIONEN

2 Knoblauchzehen
1 Gemüsezwiebel (400 g)
250 g getrocknete Aprikosen
4 EL Olivenöl
2 EL Currypulver
1 TL gem. Zimt
1 TL gem. Piment (Nelkenpfeffer)
800 g Basmatireis
1 Granatapfel
250 g junger Blattspinat
einige Stängel Minze
200 g geröstete, gesalzene Pistazienkerne

PRO PORTION:

E: 14 g, F: 14 g, Kh: 104 g, kcal: 597

1. Den Backofen vorheizen.
Ober-/Unterhitze: etwa 200 °C
Heißluft: etwa 180 °C

2. Knoblauch und Zwiebel abziehen. Den Knoblauch durch eine Knoblauchpresse drücken. Die Zwiebel zuerst halbieren und dann würfeln. Die Aprikosen vierteln.

3. Das Olivenöl in einem großen, weiten, hitzebeständigen Topf erhitzen. Knoblauch, Zwiebel und Aprikosen darin andünsten. Curry, Zimt und Piment daraufstäuben und unterrühren.

4. Den Reis hinzufügen und gründlich unterrühren. Wasser hinzugießen (es soll etwa 1 cm über dem Reis stehen). Das Ganze aufkochen lassen und 2 gestrichene Teelöffel Salz unterrühren.

5. Den Topf mit einem Deckel verschließen und auf einem Rost in den vorgeheizten Backofen (unteres Drittel) schieben. Den Reis **etwa 30 Minuten garen.**

6. In der Zwischenzeit in den Blütenansatz des Granatapfels einen dreieckigen Keil einschneiden. Diesen herausziehen und den Granatapfel in Stücke brechen. Die Kerne mit einer Gabel herauslösen (Vorsicht: Es kann spritzen und Farbflecke geben!), dabei die weißen Fruchthäute entfernen.

7. Spinat verlesen, gründlich abspülen und abtropfen lassen. Minze abspülen und trocken tupfen. Die Blättchen von den Stängeln zupfen und in Streifen schneiden. Die Pistazienkerne aus den Schalen lösen und grob hacken.

8. Den garen Reis nochmals mit Salz abschmecken, Spinat und Granatapfelkerne unterrühren.

9. Zum Servieren den Reis in Portionsschälchen anrichten, mit Pistazienkernen und Minze bestreut servieren.

REZEPTVARIANTE:

Für einen **Kokosmilch-Pilaw** (2 Portionen) 1 kleine Zwiebel abziehen und fein würfeln. 150 g Staudensellerie putzen, abspülen, abtropfen lassen und in Scheiben schneiden. 1 gelbe Paprikaschote halbieren, entstielen, entkernen und die weißen Scheidewände entfernen. Schote abspülen, abtropfen lassen und in Streifen schneiden. 1 Esslöffel Cashewkerne grob hacken. 1 Bio-Zitrone (unbehandelt, ungewachst) heiß abwaschen, abtrocknen und einen dünnen Streifen von der Schale abschneiden. Zitrone halbieren, den Saft auspressen und den Saft beiseitestellen. 1 Esslöffel Sonnenblumenöl in einem Topf zerlassen. Zwiebelwürfel und 100 g Langkornreis zufügen und darin unter Rühren glasig dünsten. Selleriescheiben, Paprikastreifen, Nüsse und 100 g TK-Erbsen zugeben, kurz mitdünsten. Gemüse mit Salz und gemahlenem Pfeffer würzen. 200 ml ungesüßte Kokosmilch hinzugießen und die

Zitronenschale zugeben. Alles aufkochen lassen und den Reis mit Deckel nach Packungsanleitung bei schwacher Hitze etwa 15 Minuten gar ziehen lassen. Inzwischen 1 Esslöffel Kokosraspel in einer Pfanne ohne Fett unter Wenden goldbraun rösten, dann auf einem Teller abkühlen lassen.

Die Zitronenschale aus dem Pilaw entfernen. Den Pilaw mit dem beiseitegestellten Zitronensaft (etwa 3 Esslöffel) und 1 Esslöffel frisch gehackter Petersilie vermengen. Den Pilaw mit Salz und Pfeffer kräftig abschmecken. Kokospilaw mit den gerösteten Kokosraspeln bestreuen.

PAPRIKA-KARTOFFEL-PFANNE

Zubereitungszeit: 40 Minuten
Garzeit: etwa 30 Minuten

ZUTATEN FÜR 4 PORTIONEN

600 g kleine, festkochende Kartoffeln
250 g kleine Schalotten
2 EL Olivenöl
1 kg bunte Paprikaschoten (rot, grün, gelb)
4 Stängel Rosmarin
4 Knoblauchzehen
250 ml vegane Gemüsebrühe
Saft von ½ Zitrone

PRO PORTION:

E: 6 g, F: 6 g, Kh: 27 g, kcal: 192

1. Kartoffeln unter fließendem kalten Wasser gründlich abbürsten und gut abtropfen lassen. Kartoffeln mit der Schale längs halbieren. Schalotten abziehen und evtl. halbieren.

2. Olivenöl in einer Pfanne erhitzen. Kartoffelhälften und Schalotten darin etwa 15 Minuten bei mittlerer Hitze unter mehrmaligem Wenden goldbraun braten, mit Salz und gemahlenem Pfeffer würzen.

3. In der Zwischenzeit Paprikaschoten halbieren, entstielen, entkernen und die weißen Scheidewände entfernen. Schoten abspülen, abtropfen lassen und grob würfeln.

4. Rosmarin abspülen, abtropfen lassen und die Nadeln von den Stängeln zupfen. Knoblauch abziehen und längs halbieren.

5. Die Paprikawürfel zu den Kartoffeln in die Pfanne geben und kurz unter Rühren mitbraten. Knoblauchhälften und Rosmarinnadeln hinzugeben und unterrühren. Etwas von der Brühe hinzugießen.

6. Das Ganze weitere 10–15 Minuten unter gelegentlichem Rühren leicht braten lassen.

7. Restliche Brühe hinzugießen, zum Kochen bringen und einkochen lassen. Die Rosmarin-Paprika-Pfanne mit Salz, Pfeffer und Zitronensaft abschmecken.

TIPPS:

Sie können die Pfanne auch mit Thymian, Oregano oder einer provenzalischen Gewürzmischung würzen.
Statt Schalotten können Sie auch Frühlingszwiebeln verwenden.

PASTA-GRÖSTL MIT PINIEN-KERN-CHILI-BRÖSELN

Zubereitungszeit: 30 Minuten

ZUTATEN FÜR 4 PORTIONEN

300 g feine grüne Bohnen
350 g vegane Nudeln, z. B. Castellane
300 g Cocktailtomaten
1 Bund glatte Petersilie
2 Zwiebeln
1 Knoblauchzehe
2 vegane Weizenbrötchen (vom Vortag)
1 getrocknete Chilischote
6 EL Olivenöl
4 EL Pinienkerne
½ TL fein abger. Schale von 1 Bio-Zitrone (unbehandelt, ungewachst)
250 ml Pflanzencreme zum Kochen

PRO PORTION:

E: 22 g, F: 35 g, Kh: 90 g, kcal: 783

1. Von den Bohnen die Enden abschneiden. Bohnen evtl. abfädeln, dann abspülen, abtropfen lassen und in mundgerechte Stücke schneiden. Bohnen in etwas kochendem Salzwasser zugedeckt 8–10 Minuten garen. Anschließend die Bohnen in ein Sieb geben, mit kaltem Wasser abschrecken und gut abtropfen lassen.

2. Inzwischen Wasser in einem großen Topf zugedeckt zum Kochen bringen. Dann Salz und Nudeln zugeben. Die Nudeln im geöffneten Topf bei mittlerer Hitze nach Packungsanleitung bissfest kochen, dabei gelegentlich umrühren.

3. Inzwischen Tomaten abspülen, abtrocknen, vierteln und evtl. die Stängelansätze herausschneiden. Petersilie abspülen, trocken tupfen und die Blättchen von den Stängeln zupfen. Blättchen klein schneiden.

4. Die gegarten Nudeln in ein Sieb geben und abtropfen lassen.

5. Zwiebeln und Knoblauch abziehen, beides in feine Würfel schneiden. Brötchen fein reiben oder ebenfalls sehr fein würfeln. Die Chilischote sehr fein zerbröseln.

6. Von dem Olivenöl 4 Esslöffel in einer Pfanne erhitzen. Die Brötchenwürfel und Pinienkerne darin unter Wenden knusprig rösten, mit Chili, Zitronenschale und etwas Salz würzen. Die Pinienkern-Chili-Brösel auf einen Teller geben.

7. Restliches Olivenöl in der Pfanne erhitzen. Die Zwiebel- und Knoblauchwürfel darin braun anbraten. Die Bohnen hinzugeben und unter Rühren mitbraten. Tomaten, Nudeln und Pflanzencreme untermischen.

8. Die Zutaten bei starker Hitze kurz durchschwenken und leicht sämig einkochen, mit Salz und gemahlenem Pfeffer würzen, mit Petersilie bestreuen. Pasta-Gröstl anrichten und mit den Pinienkern-Chili-Bröseln bestreuen.

PASTINAKEN-POLENTA-STRUDEL

Zubereitungszeit: 35 Minuten
Backzeit: etwa 40 Minuten

ZUTATEN FÜR 4 PORTIONEN

FÜR DEN STRUDEL:

700 g Pastinaken
2 EL Olivenöl
3 EL Zitronensaft
100 ml Hafercreme zum Kochen
1 Knoblauchzehe, 2 Zwiebeln
1 keine Stange Lauch (etwa 125 g)
5 EL vegane Margarine
125 ml ungesüßter Mandel- oder Haferdrink
½ TL veganes Gemüsebrühe-Pulver
ger. Muskatnuss
65 g Polenta (Maisgrieß)
je ½ Bund glatte Petersilie, Basilikum und Dill

3 Blätter fertig gekaufter, veganer Strudel-, Yufka- oder Filoteig (etwa 35 x 45 cm)
30 g gehobelte Mandeln

FÜR DIE CURRYSAUCE:

1 Zwiebel
1 EL vegane Margarine
mildes Currypulver
200 ml Pflanzendrink, z. B. Hafer-, Mandeldrink
50 ml Pflanzencreme zum Kochen, z. B. Hafer/Mandel
1 Lorbeerblatt
1 TL veganes Gemüsebrühe-Pulver
1 kleine (60 g) mehligkochende Kartoffel

PRO PORTION:

E: 9 g, F: 27 g, Kh: 56 g, kcal: 526

1. Für den Strudel Pastinaken putzen, schälen, abspülen, abtropfen lassen und in Stücke schneiden. Olivenöl in einem Topf erhitzen, die Pastinakenstücke darin unter Rühren andünsten. Mit Salz und gemahlenem Pfeffer würzen. Zitronensaft und Hafercreme unterrühren. Die Pastinaken zugedeckt bei schwacher bis mittlerer Hitze in 10–15 Minuten weich dünsten.

2. In der Zwischenzeit Knoblauch und Zwiebeln abziehen, fein würfeln. Den Lauch putzen, die Stange längs halbieren, gründlich waschen, abtropfen lassen und in Streifen schneiden.

3. Zwei Esslöffel Margarine in einem Topf zerlassen. Den Lauch darin unter Rühren kurz andünsten, aus dem Topf nehmen und beiseitestellen.

4. Zwiebel- und Knoblauchwürfel in dem verbliebenen Bratfett andünsten, mit Mandel- oder Haferdrink ablöschen. Mit Gemüsebrühe-Pulver und Muskat würzen und zum Kochen bringen. Polenta unter Rühren einstreuen und bei schwacher Hitze unter häufigem Rühren etwa 10 Minuten quellen lassen. Kräuter abspülen, trocken tupfen und die Blättchen bzw. Spitzen von den Stängeln zupfen, Blättchen und Spitzen klein schneiden. Die Kräuter unter die Polenta rühren.

5. Den Backofen vorheizen.
Ober-/Unterhitze: etwa 180 °C
Heißluft: etwa 160 °C

6. Ein Strudel-Teigblatt auf einer gesäuberten Arbeitsfläche ausbreiten, dünn mit etwas von der restlichen Margarine bestreichen. Die restlichen Blätter ebenfalls dünn mit Margarine bestreichen und passgenau darauflegen. Mandeln, bis auf etwa 2 Esslöffel, auf der Teigplatte verteilen. Polenta mittig daraufstreichen, dabei rundherum einen breiten Rand frei lassen. Pastinakenstücke und Lauchscheiben daraufgeben. Die Teigränder etwas über die Füllung schlagen, die Teigplatte dann von der schmalen Seite aus zu einem Strudel aufrollen. Mit der Naht nach unten auf ein Backblech setzen. Den Strudel mit der restlichen Margarine bestreichen und mit den beiseitegelegten Mandeln bestreuen.

7. Das Backblech in den vorgeheizten Backofen schieben. Den Strudel in **etwa 40 Minuten goldbraun und knusprig backen.**

8. In der Zwischenzeit für die Currysauce die Zwiebel abziehen und in feine Würfel schneiden. Margarine in einem kleinen Topf zerlassen, die Zwiebelwürfel darin glasig dünsten. Mit Curry bestäuben und leicht mit andünsten. Pflanzendrink und -creme hinzugießen, Lorbeerblatt und Gemüsebrühe-Pulver hinzugeben.

9. Kartoffel schälen, abspülen, abtropfen lassen und auf einer Küchenreibe direkt in den Saucenansatz reiben. Die Sauce unter gelegentlichem Rühren etwa 10 Minuten bei schwacher Hitze kochen lassen.

10. Den Strudel vor dem Anschneiden kurz ruhen lassen. Lorbeerblatt aus der Sauce entfernen. Die Sauce sämig pürieren und nochmals mit Salz, gemahlenem Pfeffer und Curry abschmecken. Den Strudel in Scheiben schneiden und mit der Currysauce anrichten.

BEILAGE:

Grüner Salat.

EXTRA-TIPP:

Bereiten Sie für eine weitere Mahlzeit am besten gleich die drei bis vierfache Menge Polenta zu. Streichen Sie den nicht benötigten Polentabrei etwa 2 cm dick auf ein Tablett und lassen Sie die Polentamasse erkalten. Polenta zum Servieren dann in Stücke schneiden und in Speiseöl oder Margarine in einer Pfanne kurz braten.
Als Beilage zu geschmortem oder gebratenem Gemüse (z. B. zur Schwarzwurzel-Tandoori-Pfanne Seite 141), Salaten oder in Bowls servieren. Auch als Einlage für Suppen (z. B. für Gartengemüse-Eintopf Seite 40) schmecken die Polentastückchen sehr lecker.

PENNINI MIT TOMATENSAUCE „PRIMAVERA“

Zubereitungszeit: 30 Minuten
Garzeit: etwa 15 Minuten

ZUTATEN FÜR 2 PORTIONEN

FÜR DIE TOMATENSAUCE:

1 rote Paprikaschote (etwa 150 g)
2 Zucchini (etwa 400 g)
200 g Zuckerschoten
3 Frühlingszwiebeln (etwa 100 g)
2 EL Olivenöl
400 g stückige Tomaten (aus der Dose)
Paprikapulver edelsüß
gerebelter Oregano

300 g vegane Mini-Penne (Pennini)

ZUM BESTREUEN:

2 EL Oreganoblättchen

PRO PORTION:

E: 15 g, F: 7 g, Kh: 67 g, kcal: 393

1. Für die Tomatensauce die Paprikaschote halbieren, entstielen, entkernen und die weißen Scheidewände entfernen. Schote abspülen, abtropfen lassen und in Streifen schneiden.

2. Die Zucchini abspülen, abtrocknen und die Enden abschneiden. Zucchini längs halbieren, vierteln und in Scheiben oder Stifte schneiden.

3. Von den Zuckerschoten die Enden abschneiden, evtl. abfädeln. Schoten abspülen, abtropfen lassen und evtl. halbieren.

4. Frühlingszwiebeln putzen, abspülen, abtropfen lassen und in Scheiben schneiden.

5. Olivenöl in einem großen Topf erhitzen. Paprikastreifen hinzufügen und etwa 2 Minuten unter Rühren andünsten.

6. Die Zucchinischeiben, Zuckerschoten und Frühlingszwiebelscheiben oder -stifte hinzugeben und unter Rühren weitere etwa 5 Minuten dünsten.

7. Tomaten unterrühren, mit Salz, gemahlenem Pfeffer, Paprika und Oregano würzen. Die Tomatensauce etwa 5 Minuten bei schwacher Hitze leicht kochen lassen.

8. Das Wasser in einem großen Topf zugedeckt zum Kochen bringen. Dann Salz und Nudeln hinzugeben. Die Nudeln im geöffneten Topf bei mittlerer Hitze nach Packungsanleitung bissfest kochen, dabei gelegentlich umrühren.

9. Anschließend die Nudeln in ein Sieb geben und abtropfen lassen.

10. Die Nudeln mit der Tomatensauce auf Tellern anrichten und mit vorbereiteten Oreganoblättchen bestreut servieren.

TIPPS:

Verfeinern Sie die Sauce zusätzlich zum Oregano noch mit abgespülten, trocken getupften und fein gehackten Petersilienblättchen.
Die köstliche Sauce passt auch sehr gut zu Vollkornreis. Oder Sie mischen sie unter gegarten Couscous oder Bulgur.

PERLGRAUPEN-RISOTTO

Zubereitungszeit: 30 Minuten

ZUTATEN FÜR 2 PORTIONEN

200 g Perlgraupen
1 Zwiebel
1 EL Speiseöl, z. B. Sonnenblumenöl
400 ml vegane Gemüsebrühe
1 Bund Frühlingszwiebeln
3 große Tomaten
etwas abger. Schale und Saft von 1 Bio-Zitrone (unbehandelt, ungewachst)

PRO PORTION:

E: 14 g, F: 7 g, Kh: 85 g, kcal: 470

1. Die Perlgraupen nach Belieben in ein Sieb geben, mit kaltem Wasser abspülen und gut abtropfen lassen. Zwiebel abziehen, halbieren und in kleine Würfel schneiden.

2. Das Öl in einem Topf erhitzen. Zwiebelwürfel darin unter Rühren andünsten. Perlgraupen hinzugeben und 1–2 Minuten unter gelegentlichem Rühren mitbraten. Nach und nach die Brühe hinzugießen.

3. Die Zutaten zugedeckt etwa 20 Minuten bei schwacher Hitze köcheln lassen, bis die Perlgraupen bissfest sind.

4. In der Zwischenzeit Frühlingszwiebeln putzen, abspülen, abtropfen lassen und schräg in feine Scheiben schneiden. Nach Belieben etwa 1 Esslöffel Frühlingszwiebelscheiben zum Garnieren beiseitelegen.

5. Die Tomaten kreuzweise einschneiden und mit kochendem Wasser übergießen. Nach 1–2 Minuten herausnehmen und mit kaltem Wasser abschrecken. Tomaten enthäuten, halbieren und die Stängelansätze herausschneiden. Anschließend entkernen und das Fruchtfleisch in mundgerechte Stücke schneiden.

6. Die Frühlingszwiebeln mit den Tomaten etwa 5 Minuten vor Garzeitende zu den Perlgraupen in den Topf geben, unterrühren und das Risotto zugedeckt fertig garen.

7. Das Perlgraupen-Risotto mit Salz, gemahlenem Pfeffer, etwa 1 Teelöffel Zitronenschale und 1–2 Esslöffeln Zitronensaft abschmecken.

8. Das Perlgraupen-Risotto auf Tellern anrichten und nach Belieben mit den beiseitegelegten Frühlingszwiebeln garnieren.

BEILAGE:

Die angegebene Menge ist zum Sattessen gedacht. Sie können das Risotto aber auch als Beilage zu veganen „Würstchen“ oder zu einem Salat servieren. Dann reicht die Menge für 3–4 Portionen.

TIPPS:

Wenn Sie die Perlgraupen etwas weicher mögen, garen Sie das Risotto etwa 5 Minuten länger.
Die Tomaten möglichst stets mitgaren, sie geben dem Risotto die nötige Flüssigkeit und verleihen eine angenehme Säure.
Die Perlgraupen harmonieren auch mit anderen frischen Gemüsesorten, wie z. B. Fenchel oder Paprikaschoten (jeweils klein gewürfelt).

PFANNENGERÜHRTES GEMÜSE

Zubereitungszeit: 35 Minuten

ZUTATEN FÜR 4 PORTIONEN

200 g Hokkaido-Kürbis
225 g Aubergine
175 g Frühlingszwiebeln
175 g Pak Choi (chinesischer Senfkohl)
4 Knoblauchzehen
5 EL Sonnenblumenöl
40 g geröstete, gesalzene Cashewkerne
6 Stängel Koriander
4 Minzeblätter
4 große Basilikumblätter
150 ml vegane Gemüsebrühe
5 EL vegane Sojasauce

PRO PORTION:

E: 5 g, F: 18 g, Kh: 11 g, kcal: 223

1. Kürbis abspülen, abtrocknen und halbieren. Die Kerne und faserigen Innenteil entfernen. Kürbis evtl. schälen und in etwa 3 mm breite Scheiben schneiden. Die Aubergine abspülen, abtrocknen und den Stängelansatz abschneiden. Aubergine längs halbieren und in etwa 2 cm breite Streifen schneiden.

2. Frühlingszwiebeln putzen, abspülen, abtropfen lassen, längs halbieren und in etwa 6 cm lange Stücke schneiden. Pak Choi putzen und die Stielenden abschneiden. Pak Choi abspülen und abtropfen lassen. Pak Choi in einzelne Blätter teilen.

3. Knoblauch abziehen und in sehr dünne Scheiben schneiden. 2 Esslöffel vom Sonnenblumenöl in einer kleinen Pfanne erhitzen. Die Knoblauchscheiben darin goldgelb rösten und beiseitestellen.

4. Die Cashewkerne grob hacken. Kräuter abspülen und trocken tupfen. Die Korianderblätter von den Stängeln zupfen. Die Minze- und Basilikumblätter grob zerschneiden.

5. Restliches Sonnenblumenöl in einem Wok oder in einer großen Pfanne erhitzen. Die Kürbisscheiben, Auberginenstreifen und Frühlingszwiebelstücke darin evtl. in 2 Portionen bei starker Hitze unter Rühren kräftig anbraten.

6. Etwa ein Drittel der Brühe hinzugießen und diese ganz einkochen lassen. Diesen Vorgang noch 2-mal wiederholen, bis das Gemüse knackig-bissfest gegart ist. Dabei gelegentlich umrühren und die Sojasauce dazugeben.

7. Zum Schluss die Pak-Choi-Blätter unterheben und kurz zusammenfallen lassen. Beiseitegestelltes Öl mit den Knoblauchscheiben unterrühren.

8. Das Gemüse mit Cashewkernen und Kräutern bestreut servieren.

BEILAGE:

Reis.

TIPP:

Im Herbst hat der Kürbis Saison. Man unterscheidet Zier- und Speisekürbisse. Zu den Speisekürbissen zählen u. a. Hokkaido-, Spaghetti- und Moschuskürbis. Der Hokkaido-Kürbis ist breitrund, meist orangerot und wiegt 1–2 kg. Seine Schale wird beim Kochen weich und kann mitverzehrt werden. Das Fruchtfleisch hat ein nussiges Aroma.

PILZ-GEMÜSE-„BOLOGNESE“

Zubereitungszeit: 40 Minuten
Garzeit: etwa 25 Minuten
▲ Mit Alkohol

ZUTATEN FÜR 6 PORTIONEN

300 g Shiitakepilze
450 g Kräuterseitlinge
1–2 Zwiebeln
1–2 Knoblauchzehen
3 Stangen Staudensellerie
1–2 Möhren
3 EL Olivenöl
2–2 ½ EL Tomatenmark
150 ml trockener veganer Weißwein oder vegane Gemüsebrühe
1125 ml Tomatensaft
1 Prise Voll-Rohrzucker
1 Lorbeerblatt
1 Stängel Rosmarin

PRO PORTION:

E: 12 g, F: 12 g, Kh: 34 g, kcal: 306

1. Die Pilze putzen, evtl. kurz abspülen und gut abtropfen lassen. Pilze in kleine Stücke schneiden.

2. Zwiebeln und Knoblauch abziehen, fein würfeln. Staudensellerie und Möhren putzen. Die Möhren schälen. Sellerie und Möhren abspülen, abtropfen lassen und in feine Würfel schneiden.

3. Olivenöl in einer Pfanne oder einem Bräter erhitzen. Die Pilze darin evtl. portionsweise unter gelegentlichem Rühren scharf anbraten. Zwiebel-, Knoblauch-, Sellerie- und Möhrenwürfel mit anbraten.

4. Das Tomatenmark hinzugeben und unterrühren. Weißwein oder Brühe hinzugießen und unterrühren. Wenn der Weißwein bzw. die Brühe verdampft ist, den Tomatensaft hinzugießen und aufkochen lassen. Bolognese mit Salz, gemahlenem Pfeffer und Zucker würzen. Das Lorbeerblatt hinzufügen. Sauce unter mehrmaligem Rühren zugedeckt etwa 20 Minuten köcheln lassen.

5. Rosmarin abspülen, abtropfen lassen, die Nadeln von dem Stängel zupfen. Einige davon zum Garnieren beiseitelegen. Die restlichen Nadeln fein schneiden und unter die Bolognese rühren. Das Lorbeerblatt entfernen. Bolognese nochmals abschmecken und mit den beiseitegelegten Rosmarinnadeln garniert servieren.

BEILAGE:

Für **Polentaecken** 1 Liter Wasser mit 1 Teelöffel Salz, 2 abgezogenen Knoblauchzehen, ½ Teelöffel getrocknetem Rosmarin und evtl. etwas gemahlenem Pfeffer zum Kochen bringen. 2 Esslöffel vegane Margarine darin zerlassen. 250 g Maisgrieß (Polenta) unter ständigem Rühren einrieseln lassen, nochmals kurz aufkochen, von der Kochstelle nehmen, etwa 10 Minuten quellen lassen. Knoblauch entfernen. Die Masse in einer flachen, mit kaltem Wasser ausgespülten Form glatt streichen, erkalten lassen. Polenta in etwa 2 cm dicke Ecken schneiden und in einer Grillpfanne in Olivenöl etwa 4 Minuten je Seite grillen.

PILZ-SEMMELKNÖDEL

Zubereitungszeit: 35 Minuten, ohne Ruhezeit
Garzeit: etwa 15 Minuten

ZUTATEN FÜR 4 PORTIONEN (6–8 KNÖDEL)

1 kleine Zwiebel
2 EL Olivenöl
100 g rosé Champignons
225 g vegane Semmeln oder altbackenes helles veganes Weizenbrot (vom Vortag)
150 ml Sojadrink
3–4 Stängel glatte Petersilie
40 g Sojamehl (nach Belieben getoastet)
frisch ger. Muskatnuss

PRO PORTION:

E: 12 g, F: 9 g, Kh: 33 g, kcal: 268

1. Die Zwiebel abziehen und in feine Würfel schneiden. 1 Esslöffel Olivenöl in einer Pfanne erhitzen und die Zwiebelwürfel darin hell anbraten. Währenddessen die Pilze putzen, eventuell anhängenden Sand mit einem Küchenpapier abreiben. Pilze sehr fein hacken. Semmeln oder Weizenbrot in kleine Würfel schneiden und in eine Schüssel geben.

2. Die Pilze zu den Zwiebeln geben und unter Wenden kräftig mit anbraten, mit 150 ml Sojadrink ablöschen. Die Mischung über die Brötchenstücke träufeln. Zugedeckt mindestens 15 Minuten ziehen lassen.

3. Petersilie abspülen, trocken schütteln und abzupfen. Petersilie fein hacken. Übriges Öl, Petersilie und Sojamehl zu den eingeweichten Brötchenstücken geben, alles gut durchmischen, sodass eine formbare Masse entsteht. Falls die Masse zu trocken ist und nicht haftet, gegebenenfalls noch etwas Sojadrink untermischen. Falls die Mischung zu feucht ist und noch stark klebt, noch etwas Sojamehl unterkneten. Mit Salz und Muskat kräftig würzen.

4. Aus der Knödelmasse mit leicht angefeuchteten Händen zunächst einen kleinen Probekloß formen, kurz ruhen lassen. Probekloß in reichlich siedendem Salzwasser garen. Sollte die Masse auseinanderfallen, noch etwas Mehl unter den übrigen Kloßteig kneten. Aus dem Teig dann mit leicht angefeuchteten Händen etwa 6–8 gleich große Knödel formen. Zugedeckt etwa 20 Minuten ruhen lassen.

5. In einem weiten Topf reichlich Salzwasser aufkochen. Die Knödel vorsichtig ins kochende Wasser gleiten lassen. Die Temperatur reduzieren. Knödel ca. 15 Minuten im sacht siedenden Salzwasser gar ziehen lassen.

6. Knödel mit einer Schaumkelle aus dem Wasser heben und noch heiß z. B. mit Pilze-Bratensauce servieren. Alternativ die Knödel abkühlen lassen. Dann in Scheiben schneiden und in veganer Margarine oder Öl von beiden Seiten knusprig braten. Als Beilage zu Gemüsegerichten, Salaten oder z. B. zum Ungarischen Schmortopf (siehe Rezept Seite 189) servieren.

PIMENTOS DI PADRON AM SPIESS

Zubereitungszeit: 60 Minuten, ohne Marinierzeit
Grillzeit: etwa 10 Minuten

ZUTATEN FÜR 12 PORTIONEN (24 SPIESSCHEN)

je 16 gelbe, rote und grüne Mini-Paprikaschoten (Pimentos di padron)

FÜR DIE MARINADE:

8 Knoblauchzehen
1 ½ EL grüne Pfefferkörner in Lake (etwa 30 g)
300 ml Olivenöl

ZUSÄTZLICH:

24 kleine Grillspieße (z. B. Bambusspieße etwa 5 cm, über Nacht in Wasser eingelegt, oder Metallspieße)

PRO PORTION:

E: 5 g, F: 6 g, Kh: 19 g, kcal: 155

1. Die Paprikaschoten halbieren, entstielen und entkernen. Die weißen Scheidewände entfernen. Schotenhälften abspülen und abtropfen lassen.

2. Wasser in einem großen Topf zum Kochen bringen. Die Paprikahälften portionsweise darin kurz blanchieren. Anschließend die Paprikahälften mit einer Schaumkelle herausnehmen und mit kaltem Wasser abschrecken. Paprikahälften in einem Sieb gut abtropfen lassen.

3. Jeweils 4 Paprikahälften in bunter Reihenfolge auf die Spieße stecken.

4. Für die Marinade Knoblauch abziehen und in dünne Scheiben schneiden. Die Pfefferkörner leicht zerdrücken. Anschließend Pfefferkörner und Knoblauchscheiben mit dem Öl verrühren.

5. Die Paprikaspieße in eine flache Schale legen und mit der Marinade übergießen. Die Paprikaspieße zugedeckt im Kühlschrank etwa 1 Stunde marinieren, dabei gelegentlich wenden.

6. Die Paprikaspieße abtropfen lassen, auf den Grillrost (gefettet) des heißen Grills legen und unter mehrmaligem Wenden etwa 10 Minuten grillen. Die Spieße mit Salz bestreut servieren.

BEILAGEN:

Servieren Sie die Paprikaspieße mit verschiedenen Dips, z. B. veganem Quark mit frisch gehackten Kräutern, einer leichten veganen Mayonnaise mit Knoblauch gewürzt oder einem fruchtigen Tomatenketchup mit Tomatenwürfeln und grünen Pfefferkörnern.
Sie können die Pimentos auch mit **Mojo rojo** servieren. Dafür 3 rote Paprikaschoten halbieren, entstielen, entkernen und die weißen Scheidewände entfernen. Schoten abspülen, abtropfen lassen und in Würfel schneiden. 6–7 Knoblauchzehen abziehen und grob klein schneiden. Von 1 veganen Toastbrotscheibe die Rinde abschneiden und das Brot zwischen den Händen krümmelig reiben. Alle vorbereiteten Zutaten mit 3 Esslöffeln Tomatenmark, 2 Teelöffeln Paprikapulver edelsüß, 2 getrockneten Chilischoten, 100 ml veganem Wein- oder Kräuteressig sowie ½ Teelöffel Cumin (Kreuzkümmel) in einen Rührbecher geben und mit einem Pürierstab pürieren. Dann nach und nach 100 ml Sonnenblumenöl und 50 ml Olivenöl einarbeiten. Die Sauce mit Salz, gemahlenem Pfeffer, Zucker und 1 Spritzer Limettensaft abschmecken.

PISTAZIEN-RAVIOLI AUF FENCHEL-CARPACCIO

Zubereitungszeit: 55 Minuten, ohne Kühlzeit
Garzeit: 20–25 Minuten

ZUTATEN FÜR 4 PORTIONEN

FÜR DEN NUDELTEIG:

250 g Hartweizenmehl, z. B. Semola, oder sehr feiner Hartweizengrieß
150 g Pizzamehl (Weizenmehl Type 00), Pastamehl oder Weizenmehl (Type 405)
2 EL Olivenöl

FÜR DIE FÜLLUNG:

650 g mehligkochende Kartoffeln
175 ml Pflanzencreme zum Kochen
1 TL fein abger. Schale von 1 Bio-Zitrone (unbehandelt, ungewachst)
50 g sehr fein gehackte, geröstete Pistazienkerne
100 g Frühlingszwiebeln
1 EL Olivenöl
etwas Hartweizengrieß

FÜR DAS CARPACCIO:

600 g Fenchelknollen
60 g getrocknete Tomaten (in Öl)
3 EL Tomatenöl (von den Tomaten)
Saft und fein abger. Schale von 1 Bio-Zitrone (unbehandelt, ungewachst)
3–4 EL mildes Olivenöl
30 g abgetropfte kleine Kapern (Nonpareilles, aus dem Glas)

PRO PORTION:

E: 22 g, F: 40 g, Kh: 112 g, kcal: 914

1. Für den Teig Hartweizenmehl oder Grieß und Pizza-, Pasta- oder Weizenmehl in der Rührschüssel einer Küchenmaschine gründlich mischen. etwa 200 ml kaltes Wasser, 1 Prise Salz und Öl verschlagen. Nach und nach so viel davon unter die Mehlmischung kneten, bis ein fester, glatter und geschmeidiger Teig entstanden ist.

2. Den Teig 5–8 Minuten in der Küchenmaschine (Stufe 2) durchkneten, bis er nicht mehr klebt. Dann den Teig in 2 Portionen teilen, zu Platten formen und in Frischhaltefolie gewickelt mindestens 1 Stunde in den Kühlschrank legen.

3. Für die Füllung in der Zwischenzeit die Kartoffeln unter fließendem Wasser abbürsten, knapp mit Wasser bedeckt, zugedeckt zum Kochen bringen. ½ Teelöffel Salz hinzugeben. Kartoffeln in 20–25 Minuten gar kochen.

4. Kartoffeln abgießen, mit kaltem Wasser abschrecken, abtropfen lassen. Kartoffeln noch warm pellen und durch eine Kartoffelpresse drücken. Kartoffelmasse mit Pflanzencreme verrühren, mit Salz, gemahlenem Pfeffer und Zitronenschale würzen. Pistazienkerne unter die Kartoffelmasse rühren.

5. Frühlingszwiebeln putzen, abspülen, abtropfen lassen und in feine Scheiben schneiden. Olivenöl in einer Pfanne erhitzen. Die Frühlingszwiebelscheiben darin kurz andünsten, unter die Kartoffelmasse rühren. Kartoffelmasse erkalten lassen.

6. Den Teig in etwa gleich großen Portionen durch eine Nudelmaschine (Teigwalze) drehen, dabei nach und nach die Walzeneinstellung feiner stellen. Die Nudelbahnen sollten möglichst dünn sein. Die Nudelbahnen auf einer leicht bemehlten Arbeitsfläche ausbreiten. Je etwa 1 Teelöffel Kartoffelmasse mit je etwa 6 cm Abstand auf der Hälfte der Nudelbahnen verteilen. Die Teigzwischenräume dünn mit Wasser bestreichen. Die restlichen Nudelbahnen passgenau auf die belegten Nudelbahnen legen, in den Zwischenräumen gut andrücken. Dabei evtl. noch vorhandene Luft zwischen den Füllungen vorsichtig herausdrücken. Dann Ravioli ausschneiden und dünn mit Hartweizengrieß bestreuen. Die Ravioli auf einem Küchenhandtuch kurz antrocknen lassen.

7. Inzwischen für das Carpaccio den Fenchel putzen, abspülen und abtropfen lassen. Das zarte Grün beiseitelegen. Die Knollen halbieren und in feine Scheiben hobeln. Von den Tomaten 3 Esslöffel von dem Öl auffangen. Tomaten in feine Streifen schneiden.

8. Für die Ravioli reichlich Wasser in einem Topf zugedeckt zum Kochen bringen. Zwischenzeitlich das Tomatenöl in einer Pfanne erhitzen. Die Fenchelscheiben darin unter Wenden 6–8 Minuten braten. Tomatenstreifen hinzugeben und kurz mitbraten lassen. Alles mit Salz, gemahlenem Pfeffer und Zitronensaft würzen. Die Fenchelscheiben mit den Tomatenstreifen aus der Pfanne nehmen und beiseitestellen.

9. Olivenöl in der Pfanne erhitzen, Kapern darin kurz anbraten (Vorsicht: Es spritzt!). Zitronenschale untermischen, mit etwas Salz würzen.

10. Salz ins kochende Wasser geben. Die Ravioli darin portionsweise garen, bis sie an der Wasseroberfläche schwimmen. Ravioli mit einer Schaumkelle herausnehmen, kurz abtropfen lassen, zum Kapernöl in die Pfanne geben und durchschwenken.

11. Carpaccio auf vorgewärmten Tellern anrichten. Die Ravioli mit dem Kapernöl darauf verteilen. Beiseitegelegtes Fenchelgrün klein schneiden und anschließend über die Pistazien-Ravioli streuen.

PIZZA MIT SPINAT-BOHNEN-BELAG

Zubereitungszeit: 30 Minuten, ohne Wartezeit
Teiggeh-/Ruhezeit: etwa 45 Minuten
Backzeit: etwa 20 Minuten

ZUTATEN FÜR 4 PORTIONEN

FÜR DEN HEFETEIG:

300 g Weizenmehl (Type 550)
20 g frische Hefe
2 EL Olivenöl

FÜR DEN BELAG:

240 g abgetropfte, gegarte große weiße Bohnenkerne (aus der Dose)
500 g Blattspinat
2 große Zwiebeln
1 Knoblauchzehe
2 mittelgroße Tomaten
200 ml Pizzatomaten (aus der Dose)
6 EL Olivenöl
ger. Muskatnuss

FÜR DIE VEGANE BECHAMELSAUCE:

20 g vegane Margarine
15 g Weizenmehl (Type 550)
200 ml Mandeldrink (natur)
1 Lorbeerblatt
1 EL (30 g) Mandel- oder Cashewmus
50 ml vegane Pflanzencreme, z. B. Hafer-Cusine-Creme
2 EL Hefeflocken

PRO PORTION:

E: 21 g, F: 31 g, Kh: 72 g, kcal: 680

1. Für den Teig Mehl in eine Rührschüssel geben. Hefe mit 1 Prise Zucker und etwa 170 ml lauwarmem Wasser verrühren, bis sich die Hefe aufgelöst hat. Hefewasser mit einem Mixer (Knethaken) oder der Küchenmaschine zunächst kurz auf niedrigster Stufe unter das Mehl kneten. Dann Olivenöl und 1 gestrichenen Teelöffel Salz nach und nach unterkneten. Den Teig auf höchster Stufe in etwa 5 Minuten zu einem glatten, geschmeidigen Teig verarbeiten.

2. Den Teig zugedeckt so lange an einem warmen Ort (oder im Backofen bei etwa 30 °C) gehen lassen, bis er sich sichtbar vergrößert hat, etwa 30 Minuten.

3. In der Zwischenzeit für den Belag Bohnenkerne in ein Sieb geben, kalt abspülen und abtropfen lassen.

4. Für die Sauce Margarine in einem Topf zerlassen. Das Mehl darin leicht andünsten. Unter Rühren mit Mandeldrink ablöschen, Lorbeerblatt hinzugeben, zum Kochen bringen und bei schwacher Hitze kurz kochen lassen.

5. Für den Belag Spinat verlesen, gründlich waschen und abtropfen lassen. Die groben Stiele von dem Spinat entfernen. Zwiebeln und Knoblauch abziehen. Zwiebeln zuerst in Scheiben schneiden, dann in Ringe teilen. Knoblauch in Scheiben schneiden. Tomaten abspülen, trocken tupfen, halbieren und die Stängelansätze entfernen. Tomaten fein würfeln und abtropfen lassen. Pizzatomaten ebenfalls etwas abtropfen lassen.

6. Drei Esslöffel Olivenöl in einer großen Pfanne erhitzen. Zwiebelringe und Knoblauchscheiben darin kurz andünsten, auf einen Teller geben und beiseitestellen. Spinat portionsweise in das heiße Fett geben und nach und nach unter Rühren zusammenfallen lassen. Mit Salz, gemahlenem Pfeffer und Muskat würzen. Spinat in ein Sieb geben und gut abtropfen lassen.

7. Für die Sauce Mandel- bzw. Cashewmus und Pflanzencreme unter die Sauce rühren. Hefeflocken unterrühren. Die Sauce mit Salz, gemahlenem Pfeffer und Muskat würzig abschmecken. Bohnenkerne grob hacken.

8. Den gegangenen Teig auf der leicht bemehlten Arbeitsfläche nochmals gut durchkneten und anschließend auf einem Backblech (30 x 40 cm, gefettet, mit Backpapier belegt) ausrollen.

---

9. Den Teig mit dem restlichen Olivenöl bestreichen. Die Pizzatomatenstücke darauf verteilen. Mit Salz und gemahlenem Pfeffer würzen. Spinat, Bohnenkerne, Zwiebelringe und frische Tomatenwürfel darauf verteilen. Mit der Sauce beträufeln. Den Teig zugedeckt an einem warmen Ort weitere etwa 15 Minuten gehen lassen, bis er sich sichtbar vergrößert hat.

---

10. Den Backofen vorheizen.
Ober-/Unterhitze: etwa 240 °C
Heißluft: etwa 220 °C

---

11. Das Backblech in den vorgeheizten Backofen schieben (untere Einschubleiste). Die Pizza in **etwa 20 Minuten goldbraun backen.**

POLENTATALER MIT AUBERGINENRAGOUT

Zubereitungszeit: 50 Minuten, ohne Kühl- und Ziehzeit

ZUTATEN FÜR 2 PORTIONEN

FÜR DIE POLENTATALER:

500 ml vegane Gemüsebrühe
½ EL Speiseöl, z. B. Oliven- oder Sonnenblumenöl
125 g Polenta (Maisgrieß)
1–1 ½ EL Speiseöl, z. B. Oliven- oder Sonnenblumenöl zum Braten

FÜR DAS AUBERGINENRAGOUT:

1 Aubergine (etwa 300 g)
1 Zwiebel
1 Knoblauchzehe
1 EL Speiseöl, z. B. Olivenöl
400 g stückige Tomaten (aus der Dose)
4–5 Stängel Petersilie
1 EL abgetropfte Kapern (aus dem Glas)

PRO PORTION:

E: 10 g, F: 15 g, Kh: 48 g, kcal: 368

1. Für die Polentataler am Vortag die Polenta nach Packungsanleitung zubereiten. Dafür Gemüsebrühe mit 1–2 Prisen Salz in einem kleinen, hohen Topf aufkochen. Öl mit der Polenta einrühren. Alles einmal aufkochen lassen, dann bei schwacher Hitze zugedeckt etwa 2 Minuten köcheln lassen. Den Topf von der Kochstelle nehmen. Die Polenta etwa 5 Minuten beiseitestellen.

2. In der Zwischenzeit eine runde Kuchen- oder Tortenplatte (ø etwa 30 cm, ersatzweise 2 Essteller) mit kaltem Wasser ausspülen.

3. Die gegarte Polenta evtl. mit Salz abschmecken. Polenta auf die Platte (oder die beiden Essteller) geben. Anschließend mit einem feuchten Teigschaber etwa 1 cm dick verstreichen und mit Frischhaltefolie abdecken. Polenta über Nacht erkalten lassen.

4. Am nächsten Tag für das Ragout Aubergine abspülen, abtrocknen und den Stängelansatz abschneiden. Die Aubergine in etwa 1 cm große Würfel schneiden und mit ½–1 Teelöffel Salz bestreuen. Die Auberginen etwa 30 Minuten ziehen lassen.

5. Die Auberginenwürfel in ein großes Sieb geben und mit kaltem Wasser gut abspülen. Anschließend Auberginen mit der Hand leicht ausdrücken, damit das Wasser besser abläuft.

6. Zwiebel und Knoblauch abziehen, beides fein würfeln. Öl in einem breiten Topf erhitzen, Zwiebel und Knoblauch darin andünsten. Tomaten zugeben und etwa 2 Minuten bei mittlerer Hitze mitdünsten. Auberginenwürfel unterrühren und alles zugedeckt etwa 10 Minuten bei schwacher Hitze köcheln lassen. Dann ohne Deckel etwa 5 Minuten bei starker Hitze einkochen lassen, bis die Flüssigkeit verdampft ist, dabei 2–3-mal umrühren.

7. In der Zwischenzeit die Folie von der Polenta entfernen. Aus der Polentamasse runde Taler (ø etwa 4–6 cm) ausstechen.

8. Das Öl in einer großen Pfanne erhitzen. Die Polentataler von beiden Seiten bei mittlerer bis starker Hitze in 6–8 Minuten leicht hellbraun braten. Polentaler herausnehmen und evtl. auf Küchenpapier kurz abtropfen lassen.

9. In der Zwischenzeit Petersilie abspülen, trocken tupfen und die Blättchen von den Stängeln zupfen. Blättchen fein hacken, mit den Kapern unter das Auberginenragout rühren. Das Auberginenragout mit Salz und gemahlenem Pfeffer abschmecken, mit den Polentatalern anrichten.

QUINOA-FRISÉE-SALAT

Zubereitungszeit: 30 Minuten, ohne Abkühlzeit
Garzeit: 20–25 Minuten

ZUTATEN FÜR 4 PORTIONEN

200 g Quinoa
400 ml vegane Gemüsebrühe
5–6 EL Limettensaft (frisch gepresst)
½–1 TL Harissa (afrikanische Gewürzpaste)
1 kleiner Friséesalat
1 Bio-Salatgurke
150 g abgetropfte Artischockenherzen (in Öl)
2 EL Olivenöl
1 Prise Voll-Rohrzucker

PRO PORTION:

E: 9 g, F: 14 g, Kh: 35 g, kcal: 305

1. Die Quinoa mit der Gemüsebrühe in einem Topf 20–25 Minuten garen (Packungsanleitung beachten!). Anschließend gare Quinoa in eine Schüssel geben.

2. Etwa 3 Esslöffel von dem Limettensaft mit Salz, gemahlenem Pfeffer und ¼–½ Teelöffel Harissa glatt rühren und mit der Quinoa vermischen. Quinoa zum Abkühlen beiseitestellen.

3. In der Zwischenzeit Friséesalat putzen, abspülen, abtropfen lassen oder in einer Salatschleuder trocken schleudern. Salat in mundgerechte Stücke zupfen.

4. Die Salatgurke heiß abwaschen, abtrocknen und die Enden abschneiden. Die Gurke nach Belieben schälen. Gurke längs halbieren, entkernen und in dünne Scheiben schneiden. Die gut abgetropften Artischockenherzen quer halbieren.

5. Olivenöl mit restlichem Limettensaft und Harissa in einer Schüssel glatt rühren. Die Sauce mit Salz, gemahlenem Pfeffer und Zucker abschmecken.

6. Den Blattsalat mit Quinoa, Gurkenscheiben und Artischockenherzen auf Tellern anrichten und mit der Harissasauce beträufeln.

TIPP:

Quinoa zählt in Südamerika zu den Grundnahrungsmitteln. Das sogenannte Pseudogetreide zählt botanisch zu den Gänsefußgewächsen.
Im Gegensatz zu „echtem“ Getreide ist Quinoa glutenfrei. Quinoa kann süß und salzig zubereitet werden.

REZEPTVARIANTE:

Für ein warmes **Quinoa-Frühstück** (2–3 Portionen) 150 g Quinoa in einem Sieb mit reichlich heißem Wasser abspülen, abtropfen lassen, in einen hohen, weiten Topf geben und mit 700 ml Mandel- oder Reisdrink auffüllen. Quinoa zugedeckt bei schwacher Hitze 22–25 Minuten garen. Dabei öfter umrühren. In der Zwischenzeit 30 g gehobelte Mandeln in einer Pfanne ohne Fett unter Wenden goldbraun rösten und auf einen Teller geben. 25 g getrocknete Soft-Feigen in kleine Stücke schneiden. Feigen, je 25 g getrocknete Cranberrys und Sauerkirschen, ½ Teelöffel gemahlenen Zimt und 1–2 Esslöffel braunen Zucker etwa 5 Minuten vor Garzeitende unter die Quinoa rühren. Das Quinoa-Frühstück in Schälchen anrichten, mit den gerösteten Mandeln bestreuen und noch warm servieren.

RATATOUILLE

Zubereitungszeit: 30 Minuten
Garzeit: etwa 15 Minuten

ZUTATEN FÜR 4 PORTIONEN

300 g Gemüsezwiebeln
2 Knoblauchzehen
je 1 rote und grüne Paprikaschote (je etwa 150 g)
250 g Zucchini
250 g Auberginen
300 g Tomaten
4 EL Olivenöl
1 Lorbeerblatt
2–3 TL getrocknete Kräuter der Provence

PRO PORTION:

E: 4 g, F: 11 g, Kh: 10 g, kcal: 155

1. Gemüsezwiebeln und Knoblauch abziehen und in Scheiben schneiden. Paprikaschoten halbieren, entstielen, entkernen und die weißen Scheidewände entfernen. Schoten abspülen, abtropfen lassen und in mundgerechte Stücke schneiden. Zucchini und Auberginen abspülen, abtrocknen, die Enden und Stängelansätze abschneiden. Zucchini und Auberginen in mundgerechte Stücke schneiden.

2. Tomaten kreuzweise einschneiden und mit kochendem Wasser übergießen. Nach 1–2 Minuten herausnehmen und mit kaltem Wasser abschrecken. Tomaten enthäuten, halbieren und die Stängelansätze herausschneiden. Tomaten in Stücke schneiden.

3. Olivenöl in einem flachen Topf erhitzen. Zwiebel- und Knoblauchscheiben darin unter Rühren kurz andünsten. Paprika-, Auberginenstücke, Lorbeerblatt, Salz, gemahlenen Pfeffer und 2 Teelöffel Kräuter der Provence hinzugeben, unter Rühren mitdünsten. Das Gemüse zugedeckt bei schwacher Hitze etwa 10 Minuten dünsten, dabei gelegentlich umrühren.

4. Zucchinistücke hinzugeben, zugedeckt weitere etwa 5 Minuten dünsten. Tomatenstücke unterheben und aufkochen lassen. Das Gemüse mit Salz, gemahlenem Pfeffer und nach Belieben Kräutern der Provence abschmecken.

BEILAGE:

Reis oder veganes Baguette.

ROSENKOHLTOPF MIT KARAMELLISIERTEN NÜSSEN

Zubereitungszeit: 25 Minuten, ohne Abkühlzeit
Garzeit: etwa 25 Minuten

ZUTATEN FÜR 4 PORTIONEN

800 g Rosenkohl
4 Möhren
500 g festkochende Kartoffeln
1 Zwiebel
2 EL Rapsöl
250 ml vegane Gemüsebrühe

FÜR DIE KARAMELLISIERTEN NÜSSE:

60 g Walnusskerne
1 EL vegane Margarine
60 g Voll-Rohrzucker
40 g Agavendicksaft

ZUM BESTREUEN:

1–2 EL Schnittlauchröllchen

PRO PORTION:

E: 12 g, F: 20 g, Kh: 50 g, kcal: 458

1. Rosenkohl von den schlechten Blättern befreien und etwas vom Strunk abschneiden. Rosenkohlröschen am Strunk kreuzförmig einschneiden, abspülen, abtropfen lassen und in kochendem Salzwasser etwa 5 Minuten vorgaren. Anschließend den Rosenkohl mit kaltem Wasser abschrecken und abtropfen lassen.

2. In der Zwischenzeit Möhren putzen. Möhren und Kartoffeln schälen, abspülen, abtropfen lassen und in kleine Würfel schneiden. Zwiebel abziehen, halbieren und klein würfeln.

3. Das Rapsöl in einem Topf erhitzen. Die Zwiebelwürfel darin glasig dünsten. Die Möhren- und Kartoffelwürfel hinzugeben und mitdünsten lassen. Brühe hinzugießen und zum Kochen bringen. Gemüse mit Salz und gemahlenem Pfeffer würzen, etwa 10 Minuten bei schwacher Hitze garen, dabei gelegentlich umrühren.

4. Für die karamellisierten Nüsse die Walnusskerne grob hacken. Die Margarine in einer Pfanne zerlassen. Den Zucker darin unter Rühren karamellisieren.

5. Walnusskerne, Agavendicksaft und 1–2 Esslöffel kaltes Wasser mit einem Holzlöffel unterrühren und kurz aufkochen lassen. Die karamellisierten Walnusskerne auf einen Bogen Backpapier geben und erkalten lassen.

6. Den vorgegarten Rosenkohl unter das Gemüse rühren. Den Rosenkohltopf weitere etwa 10 Minuten garen.

7. Karamellisierte Walnusskerne hacken oder auseinanderbrechen.

8. Den Rosenkohltopf mit den karamellisierten Walnusskernen und den Schnittlauchröllchen bestreut servieren.

ROTE-BETE-HÜLSENFRUCHT-BOWL

Zubereitungszeit: 30 Minuten
ohne Marinierzeit (mind. 1 Tag)
Garzeit: etwa 25 Minuten

FÜR DEN MARINIERTEN TOFU:

200 g abgetropfter fester Tofu (natur)
2 Knoblauchzehen
2 rote Zwiebeln
2 große Salbeiblätter
2 Stängel Rosmarin
4 Stängel Thymian
etwa 125 ml Olivenöl
2 EL Zitronensaft

FÜR DIE ROTE BETE:

500 g Rote-Bete-Knollen
2 rote Zwiebeln
1 Knoblauchzehe
3 EL vom Tofu-Einlegeöl
2 Salbeiblätter
125 ml Orangensaft (frisch gepresst)

FÜR DIE LINSEN:

200 g kleine braune oder grüne Linsen, z. B. Le Puy
400 ml vegane Gemüsebrühe
1 Lorbeerblatt

FÜR DAS DRESSING:

½ Bund Basilikum
4 EL Olivenöl
3 EL Zitronensaft
2 mittelgroße Tomaten
2 Frühlingszwiebeln
175 g Rucola (Rauke)
4 EL geschälte, geröstete Kürbiskerne

PRO PORTION:

E: 29 g, F: 52 g, Kh: 42 g, kcal: 786

1. Zum Marinieren den Tofu in mehrere Lagen Küchenpapier einwickeln und auf einen Teller legen. Ein Frühstücksbrettchen oder ähnliches direkt auflegen und beschweren (z. B. mit einem Topf). Tofu so mindestens 10 Minuten stehen lassen und ausdrücken.

2. Knoblauch und Zwiebeln abziehen. Knoblauch in Scheiben, Zwiebel in sehr feine Spalten schneiden. Kräuter abspülen, trocken tupfen und grob schneiden. Tofu in etwa 1 cm große Würfel schneiden. Mit Zwiebelspalten, Knoblauchscheiben und Kräutern mischen und in ein gesäubertes Glas mit Schraubverschluss geben.

3. Olivenöl mit etwas Salz, gemahlenem Pfeffer und Zitronensaft verschlagen. Die Marinade über den Tofu gießen. Das Glas verschließen, Zutaten durchschütteln, sodass alles möglichst gleichmäßig gemischt ist. Im Kühlschrank mindestens 1 Tag ziehen lassen.

4. Die Rote Bete schälen (dabei ggf. Einmalhandschuhe tragen) und in etwa 2 cm große Würfel schneiden. Zwiebeln abziehen und in Spalten schneiden. Knoblauch abziehen und würfeln.

5. Drei Esslöffel von dem Marinade-Öl vom Tofu in einem Topf erhitzen. Rote Bete, Knoblauch und Zwiebelspalten darin andünsten. Mit Salz, gemahlenem Pfeffer und abgespülten, trocken getupften Salbeiblättern würzen. Orangensaft hinzugießen. Die Rote Bete zugedeckt bei schwacher Hitze mit noch leichtem Biss dünsten. Lauwarm abkühlen lassen.

6. Für die Linsen in der Zwischenzeit Linsen verlesen, abspülen und abtropfen lassen. Linsen, Brühe und Lorbeerblatt in einem Topf zum Kochen bringen. Die Linsen zugedeckt bei schwacher Hitze etwa 25 Minuten mit noch leichtem Biss garen. Linsen abtropfen lassen.

7. Für das Dressing Basilikum abspülen, trocken tupfen und die Blättchen von den Stängeln zupfen. Basilikum mit Olivenöl, Zitronensaft, Salz, gemahlenem Pfeffer und 1 Prise Zucker mixen.

Tomaten abspülen, abtropfen lassen, halbieren und die Stängelansätze entfernen. Tomaten fein würfeln. Frühlingszwiebeln putzen, abspülen, abtropfen lassen und fein schneiden. Die Linsen mit etwa der Hälfte des Dressings mischen. Tomaten und Frühlingszwiebeln untermischen.

8. Rucola verlesen, abspülen, trocken tupfen oder schleudern und die groben Stiele abschneiden. Tofuwürfel abtropfen lassen. Alle vorbereiteten Zutaten und Kürbiskerne in Bowls anrichten. Einlegezutaten vom Tofu (Zwiebeln und Kräuter) über den Tofu träufeln. Das restliche Dressing daraufträufeln oder dazureichen.

EXTRA-TIPP:

Der marinierte Tofu schmeckt auch leicht erwärmt und z. B. mit Pasta und einer Tomatensauce serviert sehr lecker. Er eignet sich auch als Füllung z. B. für Strudel oder geschmortes Gemüse.

ROTE-LINSEN-SALAT

Zubereitungszeit: 25 Minuten, ohne Abkühl- und Durchziehzeit
Garzeit: etwa 8 Minuten

ZUTATEN FÜR 4 PORTIONEN

300 g Zuckerschoten
400 ml vegane Gemüsebrühe
200 g rote Linsen
1 Bund Frühlingszwiebeln (etwa 250 g)
260 g abgetropfte Aprikosenhälften (aus der Dose)

FÜR DIE SAUCE:

20 g frischer Ingwer
3–4 EL Himbeeressig
2 EL Sonnenblumenöl, 3 EL Nussöl

PRO PORTION:

E: 17 g, F: 14 g, Kh: 47 g, kcal: 383

1. Von den Zuckerschoten die Enden abschneiden, evtl. abfädeln. Zuckerschoten abspülen und abtropfen lassen. Die Brühe in einem kleinen Topf zum Kochen bringen. Zuckerschoten darin kurz blanchieren, mit einer Schaumkelle herausnehmen. Die Schoten mit kaltem Wasser abschrecken, abtropfen lassen und halbieren.

2. Die Linsen in die Brühe geben, wieder zum Kochen bringen und etwa 8 Minuten bei schwacher Hitze kochen lassen (Packungsanleitung beachten!), bis die Brühe von den Linsen aufgesogen ist.

3. Frühlingszwiebeln putzen, abspülen, abtropfen lassen und schräg in Scheiben schneiden. Die Frühlingszwiebelscheiben unter die heißen Linsen heben. Die Linsen-Zwiebel-Mischung abkühlen lassen.

4. Aprikosenhälften in dünne Spalten schneiden.

5. Für die Sauce den Ingwer schälen und fein reiben. Essig mit Salz, gemahlenem Pfeffer und Ingwer verrühren. Sonnenblumen- und Nussöl unterschlagen.

6. Die Salatsauce mit der Linsen-Frühlingszwiebel-Mischung vermengen. Aprikosenspalten und Zuckerschoten unterheben.

7. Den Rote-Linsen-Salat nochmals mit den Gewürzen abschmecken und servieren. Oder noch besser: Den Salat zugedeckt in den Kühlschrank stellen und etwa 1 Stunde durchziehen lassen.

ROTE-RÜBEN-EINTOPF

Zubereitungszeit: 30 Minuten
Garzeit: 40–45 Minuten

ZUTATEN FÜR 4 PORTIONEN

500 g vorgegarte Rote Bete (vakuumverpackt)
1 mittelgroße Zwiebel
350 g Möhren
500 g mehligkochende Kartoffeln
2 Bio-Orangen (unbehandelt, ungewachst)
2 EL Sonnenblumenöl
400 ml heiße vegane Gemüsebrühe
2 Stängel Dill
4 TL ger. Meerrettich

PRO PORTION:

E: 5 g, F: 6 g, Kh: 37 g, kcal: 232

1. Rote Bete in ein Sieb geben, abtropfen lassen und den Saft auffangen. Rote Bete würfeln (Achtung: stark färbend). Zwiebel abziehen, halbieren und in feine Würfel schneiden.

2. Möhren putzen. Möhren und Kartoffeln schälen, abspülen, abtropfen lassen und in Würfel schneiden. Kartoffelwürfel in eine Schüssel geben, mit so viel kaltem Wasser begießen, dass die Kartoffelwürfel knapp bedeckt sind.

3. Die Orangen heiß abwaschen, abtrocknen und die Schale fein abreiben. Die Orangen halbieren und den Saft auspressen.

4. Das Öl in einem großen Topf erhitzen. Die Zwiebel- und Möhrenwürfel darin andünsten. Kartoffelwürfel (mit dem Wasser), Orangenschale und -saft unterrühren.

5. Die Gemüsebrühe hinzugießen. Die Zutaten zum Kochen bringen und zugedeckt bei mittlerer Hitze etwa 35 Minuten köcheln lassen, dabei ab und zu umrühren.

6. Dann die Rote-Bete-Würfel mit dem aufgefangenen Saft hinzugeben und unterrühren. Den Rote-Rüben-Eintopf bei mittlerer Hitze weitere 5–10 Minuten köcheln lassen, dabei gelegentlich umrühren.

7. Dill abspülen, trocken tupfen, die Spitzen von den Stängeln zupfen und fein schneiden.

8. Zum Servieren den Meerrettich unter den Eintopf rühren. Den Eintopf mit Salz und gemahlenem Pfeffer abschmecken und mit Dill bestreut servieren.

BEILAGE:

Frisches veganes Fladenbrot oder Baguette.

TIPP:

Verfeinern Sie den Eintopf mit etwas angeschlagener Sojacreme (zum Aufschlagen).

ROTI (INDISCHES FLADENBROT)

Zubereitungszeit: 40 Minuten
Backzeit 32–40 Minuten

ZUTATEN FÜR 4 STÜCK

1 Zwiebel (etwa 50 g)
½ grüne Chilischote
200 g Weizenmehl
75 g Kokosraspel
8 EL Speiseöl, z. B. Sonnenblumenöl

PRO STÜCK:

E: 7 g, F: 33 g, Kh: 38 g, kcal: 472

1. Zwiebel abziehen, halbieren und fein würfeln. Die Chilischotenhälfte entstielen, entkernen, abspülen, abtropfen lassen und fein würfeln. Mehl mit Kokosraspeln und ½ Teelöffel Salz mischen. Die Zwiebel- und Chiliwürfel hinzugeben, nach und nach 150 ml lauwarmes Wasser unterarbeiten.

2. Den Teig in 4 gleich große Portionen teilen und jeweils zu einer Kugel formen. 1 Esslöffel Speiseöl in einer Pfanne (ø etwa 18 cm) bei mittlerer Hitze erhitzen. 1 Teigkugel in die Pfanne geben und mit einem Löffel zu einem etwa ½ cm dicken Fladen flach drücken.

3. Den Fladen von jeder Seite 4–5 Minuten hellbraun braten, dabei vor dem Wenden noch 1 Esslöffel Speiseöl in die Pfanne geben. Auf die gleiche Weise noch 3 weitere Fladenbrote zubereiten.

TIPP:

Die Fladenbrote schmecken warm und kalt.

ROTKOHLSALAT MIT SESAM UND TOFUBRÖSELN

Zubereitungszeit: 50 Minuten, ohne Durchziehzeit

ZUTATEN FÜR 4 PORTIONEN

1 kleiner Rotkohl (300–400 g)
1 mittelgroße Zwiebel
2–3 EL Weißweinessig
etwas Voll-Rohrzucker
4 EL Sonnenblumenöl
2 EL geschälter Sesamsamen
125 g Tofu (natur)

PRO PORTION:

E: 8 g, F: 16 g, Kh: 5 g, kcal: 198

1. Vom Rotkohl die groben äußeren Blätter entfernen. Kohl vierteln und den Strunk herausschneiden. Kohlviertel abspülen, abtropfen lassen und sehr fein schneiden oder hobeln. Zwiebel abziehen, halbieren und sehr fein würfeln.

2. Den Weißweinessig mit Salz, gemahlenem Pfeffer und 1 Prise Zucker in einer Schüssel verrühren. Sonnenblumenöl unterschlagen.

3. Die Rotkohlstreifen und die Zwiebelwürfel unter die Marinade mischen. Den Salat zugedeckt etwa 30 Minuten durchziehen lassen.

4. Sesamsamen in einer Pfanne ohne Fett unter Wenden kurz anrösten. Den Tofu mit den Händen zerbröseln. Den Rotkohlsalat mit Sesamsamen und Tofubröseln bestreuen und servieren.

SALATTELLER MIT SPROSSEN

Zubereitungszeit: 30 Minuten

ZUTATEN FÜR 8–10 PORTIONEN

250 g Feldsalat
1 Kopf Lollo bionda
200 g Radieschensprossen
375 g frische Champignons
1 kg Tomaten

FÜR DIE SAUCE:

6–8 EL Estragon-Essig
2–3 TL körniger Senf
150 ml Weizenkeim- oder Sonnenblumenöl

ZUM BESTREUEN:

2 EL Estragonblättchen, 60 g Pinienkerne

PRO PORTION:

E: 7 g, F: 23 g, Kh: 5 g, kcal: 265

1. Feldsalat putzen und die Wurzelenden abschneiden. Lollo bionda ebenfalls putzen. Beide Salate abspülen und gut abtropfen lassen. Lollo bionda in mundgerechte Stücke zupfen.

2. Radieschensprossen abspülen und abtropfen lassen. Champignons putzen, eventuell kurz abspülen, trocken tupfen und in dünne Scheiben schneiden. Tomaten abspülen, abtropfen lassen, halbieren oder vierteln und die Stängelansätze herausschneiden.

3. Für die Sauce Essig und Senf verrühren, mit Salz und gemahlenem Pfeffer würzen, Öl unterschlagen.

4. Die vorbereiteten Salatzutaten auf einer großen Platte anrichten, die Sauce darauf verteilen.

5. Zum Bestreuen Estragonblättchen abspülen und trocken tupfen. Pinienkerne in einer Pfanne ohne Fett unter Wenden leicht anrösten. Estragonblättchen und Pinienkerne auf den Salat streuen.

TIPP:

Wenn Sie diesen Salat in der warmen Jahreszeit z. B. auf einer Gartenparty servieren möchten, wählen Sie dafür bitte unbedingt knackige Salatsorten wie z. B. Eisbergsalat, Römersalat, Radicchio, Chicorée oder auch einen Freiland-Kopfsalat aus. Diese robusten Sorten machen auch bei wärmerem Wetter und etwas Stehzeit auf dem Buffet nicht so schnell „schlapp". Zusätzlich die Blätter etwa 20 Minuten vor dem Zubereiten des Salats in reichlich kaltem Wasser wässern. Dann gründlich abtropfen lassen.

TIPPS ZUM VORBEREITEN:

Die Salate können Sie bereits am Vortag putzen, waschen und gut abgetropft luftig in große Gefrierbeutel füllen. Salate im Gemüsefach des Kühlschranks lagern.
Rühren Sie das Dressing auch schon am Vortag an. Dazu alle Zutaten in ein Schraubglas (z. B. Marmeladenglas) geben und kräftig durchschütteln. Im Glas im Kühlschrank lagern. Dressing dann vor dem Überträufeln nochmals kurz aufschütteln.

SCHWARZWURZELN MIT ROSENKOHL, GEBRATEN

Zubereitungszeit: 30 Minuten
Garzeit: etwa 12 Minuten

ZUTATEN FÜR 4 PORTIONEN

2 Bio-Zitronen (unbehandelt, ungewachst)
600 g Schwarzwurzeln
300 g Rosenkohl
2 EL Olivenöl
1 große Tomate
2 EL geröstete Sesamsamen
1 EL schwarzer Sesamsamen (erhältlich im Asialaden)

PRO PORTION:

E: 6 g, F: 12 g, Kh: 5 g, kcal: 152

1. Die Zitronen heiß abwaschen, abtrocknen und die Schale fein abreiben. Zitronen halbieren und den Saft auspressen. Den Zitronensaft mit 1 Liter kaltem Wasser in einer Schüssel verrühren.

2. Die Schwarzwurzeln unter fließendem kalten Wasser gründlich abbürsten, mit einem Sparschäler sorgfältig schälen (dabei am besten Einweghandschuhe tragen, um sich vor dem sehr klebrigen Saft zu schützen), abspülen und abtropfen lassen. Die Wurzeln in das Zitronenwasser legen, damit die Stangen weiß bleiben.

3. Von dem Rosenkohl die äußeren Blätter entfernen und etwas vom Strunk abschneiden. Die Röschen am Strunk kreuzförmig einschneiden, abspülen und gut abtropfen lassen. Die Rosenkohlröschen halbieren.

4. Die Schwarzwurzeln abspülen, abtropfen lassen und schräg in etwa 3 cm lange Stücke schneiden. Olivenöl in einer großen Pfanne erhitzen. Die Schwarzwurzelstücke darin etwa 10 Minuten unter mehrmaligem Wenden knackig braun braten, mit Salz, gemahlenem Pfeffer und Zitronenschale würzen.

5. In der Zwischenzeit den Rosenkohl in kochendem Wasser 1–2 Minuten blanchieren, anschließend mit kaltem Wasser abschrecken und abtropfen lassen. Die Tomate abspülen, abtrocknen, vierteln und den Stängelansatz herausschneiden. Tomate entkernen und in kleine Würfel schneiden.

6. Nach etwa 5 Minuten Bratzeit, wenn die Schwarzwurzeln anfangen braun zu werden (sie sollen knackig sein), den Rosenkohl hinzugeben und etwa 5 Minuten mitbraten lassen. Das Gemüse nochmals mit Salz, gemahlenem Pfeffer und Zitronenschale abschmecken. Zuletzt den gerösteten und schwarzen Sesam mit den Tomatenwürfeln unterrühren. Das Gemüse anrichten und sofort servieren.

SCHWARZWURZEL-TANDOORI-PFANNE

Zubereitungszeit: 25 Minuten
Röstzeit: etwa 30 Minuten

ZUTATEN FÜR 4 PORTIONEN

600 g mittelgroße, vorwiegend festkochende Bio-Kartoffeln
1 Stück (10–15 g) frischer Ingwer
3–4 EL Olivenöl
etwa 300 g Lauch, 1 Zwiebel
2 EL Olivenöl zum Braten
320 g gut abgetropfte, vorgegarte Schwarzwurzeln (aus dem Glas)
1–2 TL Tandoori-Würzpaste (aus dem Glas)
200 ml vegane Pflanzencreme zum Kochen
250 g Blattspinat
2 mittelgroße Tomaten

PRO PORTION:

E: 7 g, F: 17 g, Kh: 39 g, kcal: 395

1. Den Backofen vorheizen.
Ober-/Unterhitze: etwa 200 °C
Heißluft: etwa 180 °C

2. Die Kartoffeln unter fließendem kalten Wasser gründlich abbürsten und abtropfen lassen. Ingwer schälen und in feine Streifen schneiden. Ingwerstreifen mit Olivenöl mischen. Die Kartoffeln in Spalten schneiden, mit dem Ingwer-Öl mischen und in einer großen, flachen Auflaufform verteilen. Mit Salz und gemahlenem Pfeffer würzen. Die Form auf dem Rost in den vorgeheizten Backofen schieben. Die Kartoffelspalten **etwa 30 Minuten rösten,** dabei gelegentlich wenden.

3. Lauch putzen, die Stangen längs halbieren, gründlich waschen und abtropfen lassen. Lauch in Streifen schneiden. Zwiebel abziehen und in feine Würfel schneiden.

4. Das Olivenöl in einer großen beschichteten Pfanne erhitzen. Die Zwiebelwürfel darin zartbraun andünsten. Lauchstreifen und Schwarzwurzelstücke hinzugeben und mit anbraten. Mit Salz, gemahlenem Pfeffer und Tandooripaste würzen. Unter Wenden etwa 2 Minuten dünsten.

5. Die Pflanzencreme hinzugießen. Das Gemüse zugedeckt bei mittlerer Hitze etwa 2 Minuten kochen lassen.

6. In der Zwischenzeit den Spinat verlesen, gründlich waschen und gut abtropfen lassen, evtl. trocken schleudern und die groben Stiele entfernen. Tomaten abspülen, trocken tupfen, halbieren und die Stängelansätze entfernen. Tomaten grob würfeln.

7. Den Spinat portionsweise unter das Gemüse rühren und unter Rühren zusammenfallen lassen. Dann die Tomatenwürfel untermischen und alles nochmals kurz erhitzen. Die Gemüsepfanne mit Salz, gemahlenem Pfeffer und nach Belieben zusätzlichem Tandoori-Gewürz abschmecken.

8. Röstkartoffel-Spalten mit dem Tandoori-Gemüse anrichten.

EXTRA-TIPP:

Zur Saison können Sie die Gemüsepfanne auch mit frischen Schwarzwurzeln zubereiten. Dazu eine Schüssel mit einer Mischung aus kaltem Wasser und 3 Esslöffeln Zitronensaft bereitstellen. 600 g Schwarzwurzeln putzen, schälen, abspülen und sofort in das Zitronenwasser legen. Schwarzwurzeln dann abtropfen lassen und in mundgerechte Stücke schneiden. 2 Esslöffel Olivenöl in der Pfanne erhitzen. Die Schwarzwurzelstücke darin andünsten. Mit Salz, gemahlenem Pfeffer und 2 Esslöffeln Zitronensaft würzen. Etwa 120 ml Wasser hinzugießen, mit etwas Gemüsebrühe-Pulver würzen. Die Schwarzwurzeln zugedeckt bei schwacher bis mittlerer Hitze etwa 20 Minuten mit noch leichtem Biss dünsten. Dann, wie im Rezept beschrieben, weiter zubereiten.

SCHWEDISCHE PLANTBULLAR MIT BRATZWIEBELSAUCE

- Zubereitungszeit: 45 Minuten
  Garzeit: etwa 40 Minuten
- ▲ Mit Alkohol

ZUTATEN FÜR 4 PORTIONEN

FÜR DIE LINSEN-BULLAR:

100 g grüne oder braune Linsen, z. B. Le Puy
1 Zwiebel
2 Knoblauchzehen
175 g Champignons
2 EL Pflanzenöl
etwas gem. Kreuzkümmel (Cumin)
70 g feine Haferflocken
(Kleinblatt bzw. blütenzart)
4 Stängel glatte Petersilie
2 EL vegane Sojasauce

FÜR DIE BRATZWIEBELSAUCE:

3 mittelgroße Zwiebeln
1–2 Stängel frischer Thymian
2 EL vegane Margarine
2 TL brauner Zucker
evtl. 50 ml veganer Weißwein, trocken
250 ml vegane Gemüsebrühe
1 EL Weizenmehl

100 ml Pflanzenöl zum Braten
evtl. Preiselbeer-Kompott (aus dem Glas)

PRO PORTION:

E: 21 g, F: 28 g, Kh: 36 g, kcal: 505

1. Für die Plantbullar die Linsen verlesen, abspülen und abtropfen lassen. Die Linsen mit 350 ml Wasser in einem Topf zum Kochen bringen und in etwa 25 Minuten gar kochen. Etwa 5 Minuten vor Ende der Garzeit kräftig mit Salz würzen und die Linsen fertig garen.

2. In der Zwischenzeit Zwiebel und Knoblauch abziehen und fein würfeln. Champignons putzen, evtl. kurz abspülen und gut trocken tupfen. Champignons fein hacken.

3. Pflanzenöl in einer Pfanne erhitzen, Zwiebel- und Knoblauchwürfel darin glasig dünsten. Gehackte Champignons und evtl. etwas Kreuzkümmel hinzufügen. Die Champignons etwa 3 Minuten bei starker Hitze unter Rühren braten. Etwas abkühlen lassen.

4. Die gegarten Linsen abgießen, etwas abkühlen lassen. Die Haferflocken in einem Blitzhacker feiner mixen. Petersilie abspülen, trocken tupfen und die Blättchen von den Stängeln zupfen, Blättchen klein schneiden.

5. Linsen und Zwiebel-Pilz-Mischung portionsweise grob mixen. Mit Sojasauce, Salz, gemahlenem Pfeffer, Petersilie und den Haferflocken in eine Rührschüssel geben und alles gut vermengen.

6. Die Linsen-Masse mit angefeuchteten Händen zu etwa walnussgroßen Bällchen rollen und zugedeckt etwa 10 Minuten quellen lassen.

7. In der Zwischenzeit für die Sauce die Zwiebeln abziehen, zuerst in dünne Scheiben schneiden, dann in Ringe teilen. Thymian abspülen und trocken tupfen. Margarine in einer Pfanne zerlassen, die Zwiebelringe und Thymian darin unter Wenden braun braten. Mit Zucker bestreuen und karamellisieren lassen. Mit Wein ablöschen und die Flüssigkeit dann nahezu einkochen lassen.

8. Dann die Brühe hinzugießen und die Sauce bei schwacher Hitze etwa 10 Minuten kochen lassen.

9. Pflanzenöl in einer großen Pfanne erhitzen, die Linsen-Bullar darin von allen Seiten knusprig braten.

10. Mehl mit etwas kaltem Wasser glatt rühren, die Zwiebelsauce damit sämig binden, mit Salz und gemahlenem Pfeffer abschmecken. Linsen-

Bullar mit der Zwiebelsauce und nach Belieben mit Preiselbeer-Kompott anrichten.

TIPP:

Dazu passen Salzkartoffeln oder Pilz-Semmelknödel (siehe Rezept Seite 119)

SELLERIE-NUSS-TARTE

Zubereitungszeit: 30 Minuten
Backzeit: 35–40 Minuten

FÜR DEN KNETTEIG:

225 g Weizenmehl, 1 gestr. TL Backpulver
80 ml Speiseöl
etwas vegane Margarine für die Form

FÜR DIE FÜLLUNG:

750 g Knollensellerie
(vorbereitet gewogen etwa 400 g)
3 EL Olivenöl zum Braten
3 EL Zitronensaft
3 Blätter Salbei
1 Stange Lauch (etwa 200 g)
100 ml Pflanzencreme zum Kochen
20 g Kichererbsenmehl
evtl. ca. ½ TL gem. Kurkuma (Gelbwurz)
1 Fleischtomate (etwa 200 g)
100 g Pekan- oder Walnusskernhälften
100 g vegane Feta-Alternative
3 EL Olivenöl zum Beträufeln

PRO PORTION:

E: 15 g, F: 59 g, Kh: 57 g, kcal: 817

1. Für den Teig Mehl, Backpulver, Salz und 1 Prise Zucker in einer Rührschüssel mischen. Speiseöl mit 80 ml warmem Wasser verschlagen, zur Mehlmischung geben und mit einem Mixer (Knethaken) zunächst kurz auf niedrigster, dann auf höchster Stufe schnell zu einem glatten Teig verkneten. Den Teig auf einer leicht bemehlten Arbeitsfläche zu einer runden Platte (ø 28–30 cm) ausrollen. Die Teigplatte in eine Tarte- oder Springform (ø 26 cm; gefettet oder mit Backpapier belegt) legen und dabei einen kleinen Rand formen. Den Boden mit einer Gabel mehrmals einstechen. Die Form in den Kühlschrank stellen.

2. Für die Füllung Sellerie putzen, schälen, abspülen und abtropfen lassen. Den Sellerie halbieren und in etwa 3 cm große Stücke schneiden. 2 Esslöffel Olivenöl in einem Topf erhitzen. Die Selleriewürfel darin unter Rühren etwa 2 Minuten andünsten. Mit Zitronensaft und 100 ml Wasser ablöschen. Abgespülte und trocken getupfte Salbeiblättchen hinzugeben und mit Salz und gemahlenem Pfeffer würzen. Zugedeckt sehr weich dünsten.

3. Lauch putzen, die Stange längs halbieren, gründlich waschen und abtropfen lassen. Lauch fein würfeln. Restliches Olivenöl in einer Pfanne erhitzen, die Lauchwürfel darin kurz andünsten. Mit Salz und gemahlenem Pfeffer würzen.

4. Sellerie abtropfen lassen. Mit Pflanzencreme in einen hohen Mixbecher geben und fein pürieren. Kichererbsenmehl, Salz, gemahlenen Pfeffer und nach Belieben Kurkuma unterrühren. Lauch unter das Püree heben.

5. Den Backofen vorheizen.
Ober-/Unterhitze: etwa 220 ° C
Heißluft: etwa 200 °C

6. Die Gemüsecreme auf dem Teig verteilen und glatt streichen. Tomate abspülen, trocken tupfen, halbieren und den Stängelansatz entfernen. Tomate in feine Würfel schneiden. Etwa die Hälfte der Nusskerne hacken. Feta-Alternative zerbröseln. Die gesamten Nusskerne, Tomatenwürfel und Feta-Alternative auf der Tarte verteilen. Mit Salz und gemahlenem Pfeffer würzen. Mit Olivenöl beträufeln.

7. Die Form auf dem Rost in den vorgeheizten Backofen (unterste Einschubleiste) schieben. Die Tarte in **35–40 Minuten knusprig und goldbraun backen.**

SESAM-FALAFEL MIT SALAT

- Zubereitungszeit: 40 Minuten, ohne Einweich- und Abkühlzeit
Frittierzeit: insgesamt 8–15 Minuten

ZUTATEN FÜR 6–8 PORTIONEN

200 g getrocknete Kichererbsen
4 Frühlingszwiebeln
je ½ Bund Minze, Dill, glatte Petersilie und Koriander
200 g abgetropfte weiße Bohnen (aus der Dose)
1 EL gem. Kreuzkümmel (Cumin)
1 EL Backpulver
40 g ungeschälte Sesamsamen

etwa 1 l Speiseöl, z. B. Sonnenblumenöl

FÜR DEN SOJA-DIP UND DEN SALAT:

500 g Sojajoghurt (natur)
1 EL gem. Kreuzkümmel (Cumin)
450 g Cocktailtomaten
450 g Radieschen
5 EL Zitronensaft (frisch gepresst)
6 EL Olivenöl

PRO PORTION:

E: 14 g, F: 28 g, Kh: 27 g, kcal: 430

1. Die Kichererbsen etwa 12 Stunden in kaltem Wasser einweichen. Anschließend gut abtropfen lassen.

2. Frühlingszwiebeln putzen, abspülen und abtropfen lassen. Die Hälfte davon in feine Scheiben schneiden. Restliche Frühlingszwiebeln beiseitelegen.

3. Minze, Dill, Petersilie und Koriander abspülen und trocken tupfen. Von jeder Kräutersorte ein Drittel abnehmen und jeweils die Blättchen von den Stängeln bzw. Spitzen abzupfen. Blättchen und Spitzen grob zerschneiden. Restliche Kräuter beiseitelegen.

4. Die Bohnen in ein Sieb geben, mit kaltem Wasser abspülen und sehr gut abtropfen lassen. Bohnen mit Kichererbsen, Frühlingszwiebelscheiben, geschnittenen Kräutern, Salz, reichlich gemahlenem Pfeffer und Kreuzkümmel sehr fein pürieren.

5. Das Backpulver in 2 Esslöffeln Wasser auflösen, zum Bohnenpüree geben und mit den Händen gleichmäßig unter die Masse arbeiten. Aus der Bohnenpüree-Masse 16 glatte Kugeln formen. Jeweils eine Kugelseite fest in den Sesam drücken.

6. Speiseöl in einem Topf oder in der Fritteuse auf etwa 175 °C erhitzen. Die Falafel darin in 2–3 Portionen jeweils 4–5 Minuten goldbraun backen, dabei einmal wenden. Die fertigen Falafel mit einer Schaumkelle herausnehmen, auf Küchenpapier abtropfen und erkalten lassen.

7. Für den Dip und den Salat Sojajoghurt mit Kreuzkümmel und Salz verrühren.

8. Beiseitegelegte Frühlingszwiebeln in sehr feine Scheiben schneiden. Tomaten abspülen, abtrocknen und die Stängelansätze herausschneiden. Radieschen putzen, abspülen und abtropfen lassen. Radieschen und Tomaten in kleine Stücke schneiden.

9. Von den beiseitegelegten Kräutern die Blättchen und Spitzen von den Stängeln zupfen und evtl. etwas kleiner schneiden. Tomaten, Radieschen, Frühlingszwiebeln und Kräuter in eine Schüssel geben, mit Zitronensaft und Olivenöl mischen, mit etwas Salz und gemahlenem Pfeffer würzen. Die Sesam-Falafel portionsweise mit dem Salat und dem Joghurt anrichten.

SPARGELEINTOPF

Zubereitungszeit: 35 Minuten
Garzeit: etwa 30 Minuten

ZUTATEN FÜR 4 PORTIONEN

800 g weißer Spargel
300 g grüner Spargel
2 TL Voll-Rohrzucker
2 Zwiebeln
2 Knoblauchzehen
30 g frischer Ingwer
500 g festkochende Kartoffeln
1–2 EL Rapsöl

250 g Möhren
1 kleiner Kohlrabi
100 g Zuckerschoten
einige Stängel Petersilie

PRO PORTION:

E: 9 g, F: 11 g, Kh: 31 g, kcal: 264

1. Den Spargel waschen und abtropfen lassen. Den weißen Spargel von oben nach unten schälen. Darauf achten, dass die Schalen vollständig entfernt, die Köpfe aber nicht verletzt werden. Die unteren Enden abschneiden (holzige Stellen vollkommen entfernen). Von dem grünen Spargel das untere Drittel schälen und die unteren Enden abschneiden.

2. Spargelschalen und -enden in einen Topf geben. Wasser, Zucker, 2 Teelöffel Salz und gemahlenen Pfeffer hinzugeben. Die Zutaten zum Kochen bringen und zugedeckt bei mittlerer Hitze etwa 10 Minuten köcheln lassen.

3. In der Zwischenzeit Zwiebeln und Knoblauch abziehen und in kleine Würfel schneiden. Ingwer schälen und in kleine Würfel schneiden oder reiben. Die Kartoffeln schälen, abspülen, abtropfen lassen und in kleine Würfel schneiden.

4. Die Spargelschalen und -enden in ein Sieb abgießen, dabei den Spargelfond auffangen.

5. Rapsöl in einem großen Topf erhitzen. Zwiebel-, Knoblauch- und Ingwerwürfel darin glasig dünsten. Spargelfond hinzugießen und zum Kochen bringen. Kartoffelwürfel hinzugeben und zugedeckt etwa 5 Minuten köcheln lassen.

6. Möhren putzen, schälen, abspülen, abtropfen lassen und in Scheiben schneiden. Kohlrabi schälen, abspülen, abtropfen lassen, zuerst in Scheiben, dann in Würfel schneiden.

7. Spargel in 2–3 cm große Stücke schneiden. Möhrenscheiben, Kohlrabiwürfel und weiße Spargelstücke zu den Kartoffelwürfeln in den Topf geben. Das Ganze wieder zum Kochen bringen und zugedeckt etwa 10 Minuten köcheln lassen. Dann die grünen Spargelstücke hinzugeben und unterrühren. Den Eintopf zugedeckt weitere etwa 5 Minuten köcheln lassen.

8. Zuckerschoten putzen, evtl. abfädeln, abspülen, abtropfen lassen und je nach Größe 2–3-mal durchschneiden. Zuckerschoten zum Eintopf geben und etwa 1 Minute mitgaren.

9. Petersilie abspülen und trocken tupfen. Die Blättchen von den Stängeln zupfen und klein schneiden. Den Eintopf mit Salz und gemahlenem Pfeffer abschmecken, mit Petersilie bestreut servieren.

SPARGEL-REIS-SUPPE

Zubereitungszeit: 50 Minuten
Garzeit. etwa 13 Minuten

ZUTATEN FÜR 4 PORTIONEN

125 g Langkornreis
500 g weißer Spargel
30 g vegane Margarine
20 g Weizenmehl
750 ml vegane Gemüsebrühe
ger. Muskatnuss
einige Spritzer Zitronensaft (frisch gepresst)

PRO PORTION:

E: 5 g, F: 7 g, Kh: 31 g, kcal: 213

1. Reis in 250 ml kochendem Salzwasser zugedeckt bei mittlerer Hitze nach Packungsanleitung garen. Den gegarten Reis in einem Sieb abtropfen lassen.

2. Inzwischen den Spargel von oben nach unten dünn schälen, dabei darauf achten, dass die Schalen vollständig entfernt, die Köpfe aber nicht verletzt werden. Die unteren Enden abschneiden. Spargel abspülen, abtropfen lassen und in etwa 3 cm lange Stücke schneiden.

3. 250 ml Wasser in einem Topf zugedeckt zum Kochen bringen und je 1 Prise Salz und Zucker hinzufügen. Spargelstücke darin etwa 8 Minuten garen. Spargelstücke in einem Sieb abtropfen lassen, dabei das Spargelwasser auffangen.

4. Die Margarine in einem Topf zerlassen. Mehl darin unter Rühren so lange erhitzen, bis es hellgelb ist. Die Gemüsebrühe nach und nach hinzugießen und mit einem Schneebesen kräftig durchschlagen, dabei darauf achten, dass keine Klümpchen entstehen. Die Suppe zum Kochen bringen und bei schwacher Hitze etwa 5 Minuten unter gelegentlichem Rühren kochen lassen.

5. Spargelwasser mit den Spargelstücken unterrühren. Reis ebenfalls in die Suppe geben und alles nochmals kurz erwärmen. Die Suppe mit Salz, gemahlenem Pfeffer, Muskat und Zitronensaft abschmecken.

SPARGELSTANGEN IN KRÄUTERMARINADE

Zubereitungszeit: 45 Minuten, ohne Durchziehzeit
Garzeit: 10–12 Minuten

ZUTATEN FÜR 8 PORTIONEN

1 kg weißer Spargel
1 EL vegane Margarine
½ TL Voll-Rohrzucker

FÜR DIE MARINADE:

100 ml Weißweinessig
50 g Voll-Rohrzucker
100 ml Spargelwasser (vom Spargel)
2 EL Olivenöl
je 2 TL Estragonblättchen, Kerbelblättchen und Dillspitzen

PRO PORTION:

E: 2 g, F: 3 g, Kh: 8 g, kcal: 74

1. Den Spargel von oben nach unten schälen. Darauf achten, dass die Schalen vollständig entfernt, die Köpfe aber nicht verletzt werden. Die unteren Enden abschneiden (holzige Stellen vollkommen entfernen). Spargel abspülen und abtropfen lassen.

2. 375 ml Wasser in einem großen Topf zugedeckt zum Kochen bringen. Salz, Margarine, Zucker und die Spargelstangen hinzufügen, zum Kochen bringen. Die Spargelstangen zugedeckt in 10–12 Minuten gar kochen.

3. Spargelstangen mit einer Schaumkelle vorsichtig herausnehmen und in einem Sieb gut abtropfen lassen, dabei das Spargelwasser auffangen und 100 ml davon abmessen.

4. Für die Marinade Essig mit Zucker und gemahlenem schwarzen Pfeffer in einem Topf zum Kochen bringen. So lange kochen lassen, bis der Zucker aufgelöst ist. Spargelwasser und Olivenöl hinzugeben, mit Salz, gemahlenem Pfeffer und Zucker abschmecken.

5. Abgespülte Kräuterblättchen oder -spitzen grob zerkleinern und unterrühren.

6. Die Spargelstangen in die Marinade legen und 1–2 Stunden durchziehen lassen.

SPÄTZLE MIT KRÄFTIGER PILZSAUCE

- Zubereitungszeit: 45 Minuten, ohne Quellzeit
  Garzeit: etwa 55 Minuten
- ▲ Mit Alkohol

ZUTATEN FÜR 4 PORTIONEN

FÜR DEN PIKANTEN GEWÜRZROTKOHL:

750 g Rotkraut (Rotkohl)
2 Zwiebeln
2 EL Pflanzenöl
3 Pimentkörner, 2 Lorbeerblätter
3 Gewürznelken, gem. Zimt
250 ml Apfelsaft
2–3 EL Johannisbeer-Konfitüre

FÜR DIE SPÄTZLE:

375 g Weizen- oder Spätzlemehl
60 g feiner Hartweizengrieß
75 g Kartoffelstärke
¼ TL gem. Kurkuma (Gelbwurz)
1 EL Pflanzenöl
520 ml Sojadrink

FÜR DIE SAUCE:

3 mittelgroße Zwiebeln, 1 Knoblauchzehe
100 g rosé Champignons
1 mittelgroße Tomate (100 g)
2 EL Pflanzenöl
1 EL brauner Zucker
1 TL Tomatenmark
150 ml trockener veganer Rot-/Weißwein (oder Gemüsebrühe)
400 ml Steinpilze-Hefebrühe (aus Brühepaste aus dem Glas; Reformhaus)
1 TL Speisestärke, Paprikapulver edelsüß

ZUSÄTZLICH:

etwa 6 EL milder Apfelessig für den Rotkohl
2 EL vegane Margarine für die Spätzle

PRO PORTION:

E: 22 g, F: 21 g, Kh: 127 g, kcal: 828

1. Für den Rotkohl Kohl putzen, halbieren, den Strunk und die dicken Blattrippen herausschneiden. Kohl in feine Streifen oder Stückchen schneiden, abspülen und abtropfen lassen.

2. Zwiebeln abziehen, fein würfeln. Pflanzenöl in einem Topf erhitzen. Die Zwiebelwürfel darin andünsten. Rotkohl hinzugeben und unter Rühren mitdünsten lassen. Mit Salz, gemahlenem Pfeffer und Gewürzen würzen. Apfelsaft mit Konfitüre und 2 Esslöffeln Zucker unterrühren.

3. Den Kohl zugedeckt mindestens 40 Minuten bei schwacher Hitze schmoren, dabei gelegentlich durchrühren, evtl. noch Flüssigkeit hinzugießen.

4. Für die Spätzle Mehl, Grieß und Kartoffelstärke in einer Rührschüssel vermischen. 1 gestrichenen Teelöffel Salz und Kurkuma (optional, macht den Teig schön gelb) untermischen. Pflanzenöl und Sojadrink gut unterschlagen, bis der Teig blasig ist. Mindestens 30 Minuten quellen lassen.

5. Für die Sauce Zwiebeln und Knoblauch abziehen. Zwiebeln zuerst in dünne Scheiben schneiden, dann in Ringe teilen. Knoblauch fein würfeln. Champignons putzen, evtl. kurz abspülen und gut trocken tupfen. Champignons in Scheiben schneiden. Tomate abspülen, trocken tupfen, halbieren und den Stängelansatze entfernen. Tomate fein würfeln.

6. Pflanzenöl in einer Pfanne erhitzen. Zwiebelringe und Knoblauchwürfel darin andünsten. Mit Zucker bestreuen und schmelzen lassen. Champignonscheiben hinzugeben und bei starker Hitze unter Wenden kräftig braun anbraten. Tomatenmark und Tomatenwürfel unterrühren und mit anrösten. Jeweils mit etwa 50 ml Wein oder Brühe ablöschen und nach und nach einkochen lassen. Mit Brühe, bis auf 50 ml, auffüllen, zum Kochen bringen und etwa 10 Minuten bei schwacher Hitze kochen lassen.

7. Reichlich Wasser in einem großen Topf zum Kochen bringen. Den Spätzleteig nochmals kräftig durchrühren. Portionsweise in eine

Spätzlepresse geben und ins heiße Wasser drücken. Durchrühren und die Spätzle im siedenden Wasser kochen lassen, bis sie an die Wasseroberfläche steigen. Mit einem Schaumlöffel aus dem Wasser heben und kurz in eine Schüssel mit warmem Wasser geben, abtropfen lassen.

8. Restliche Brühe mit Speisestärke glatt verrühren, unter die Sauce rühren, unter Rühren zum Kochen bringen und 2–3 Minuten bei schwacher Hitze kochen lassen und mit Paprika abschmecken.

9. Rotkohl würzig mit Salz, gemahlenem Pfeffer, Essig und Zucker abschmecken.

10. Margarine in einer großen Pfanne erhitzen, die Spätzle darin schwenken. Mit Pilzsauce und Rotkohl anrichten.

EXTRA-TIPP:

Vom würzigen Rotkohl am besten gleich eine größere Menge zubereiten. Der Kohl lässt sich prima einfrieren, schmeckt aufgewärmt sogar noch aromatischer!

SPINATNUDELN MIT AUBERGINEN-TOMATEN-RAGOUT

Zubereitungszeit: 45 Minuten, ohne Ruhezeit
Garzeit: etwa 25 Minuten

ZUTATEN FÜR 2 PORTIONEN

FÜR DIE SPINATNUDELN:

200 g TK-Blattspinat
50 g Weizenmehl (Type 1050)
50 g Hartweizengrieß

FÜR DAS AUBERGINEN-TOMATEN-RAGOUT:

1 kleine Aubergine (etwa 300 g)
1 Zwiebel
1 Knoblauchzehe
300 g Tomaten
5–6 EL Olivenöl

PRO PORTION:

E: 13 g, F: 17 g, Kh: 50 g, kcal: 407

1. Für die Spinatnudeln Spinat nach Packungsanleitung mit Wasser zubereiten. Anschließend Spinat in ein Sieb abgießen, mit kaltem Wasser abspülen und gut ausdrücken. Spinat fein hacken.

2. Mehl mit Grieß und ¼ Teelöffel Salz in einer Rührschüssel mischen. Gehackten Spinat zugeben und alles mit den Händen zu einem geschmeidigen Teig verkneten. Den Teig in 2 gleich große Portionen teilen.

3. Jede Teigportion auf der leicht bemehlten Arbeitsfläche zu je einer Rolle (etwa 15 cm Länge) formen. Die Teigrollen in Frischhaltefolie wickeln und etwa 1 Stunde bei Zimmertemperatur ruhen lassen.

4. In der Zwischenzeit für das Ragout Aubergine abspülen, abtrocknen und den Stängelansatz abschneiden. Aubergine quer in ½–1 cm dicke Scheiben schneiden, mit Salz bestreuen und etwa 20 Minuten stehen lassen.

5. Inzwischen die Zwiebel abziehen, zuerst in feine Scheiben schneiden, dann in Ringe teilen. Knoblauch ebenso abziehen und fein hacken. Tomaten abspülen, in Spalten schneiden und dabei die Stängelansätze entfernen.

6. Teigrollen in etwa ½ cm dünne Scheiben schneiden. Jede Scheibe zu einem haselnussgroßen Kügelchen formen.

7. Die Teigkügelchen in die Handinnenfläche legen und mit dem Daumen so flach drücken, dass muschelähnliche Nudeln entstehen. Die Muschelnudeln auf einem Teller beiseitelegen.

8. Wasser in einem großen Topf zugedeckt zum Kochen bringen. Dann Salz und Muschelnudeln zugeben. Die Nudeln im geöffneten Topf bei mittlerer Hitze in etwa 15 Minuten gar ziehen lassen, dabei gelegentlich umrühren.

9. Anschließend die Nudeln in ein Sieb geben und abtropfen lassen.

10. In der Zwischenzeit 4–5 Esslöffel von dem Öl in einer großen Pfanne erhitzen. Die Auberginenscheiben mit Küchenpapier trocken tupfen und in dem Öl bei mittlerer bis starker Hitze von jeder Seite 4–5 Minuten goldbraun anbraten. Anschließend auf Küchenpapier abtropfen lassen.

11. Die Zwiebelringe und den gehackten Knoblauch in dem restlichen Öl anbraten. Tomatenspalten dazugeben, mit Salz und gemahlenem Pfeffer würzen.

12. Das Ragout zugedeckt etwa 5 Minuten bei schwacher Hitze dünsten. Auberginen zufügen und kurz darin erwärmen. Das Auberginen-Tomaten-Ragout mit den abgetropften Spinatnudeln anrichten.

SPINAT-QUICHE

Zubereitungszeit: 50 Minuten, ohne Auftau- und Kühlzeit
Backzeit: etwa 60 Minuten

ZUTATEN FÜR 12 STÜCKE

ZUM VORBEREITEN:

600 g TK-Blattspinat

FÜR DEN TEIG:

50 g Polenta (Maisgrieß)
250 g Weizenmehl (Type 550)
125 g vegane Margarine

FÜR DIE FÜLLUNG:

2 kleine Zwiebeln
2 Knoblauchzehen
4 EL Olivenöl
25 g Sojamehl (getoastet)
100 ml ungesüßter Haferdrink (natur)
400 g Seidentofu
175 g Räuchertofu
200 g Tofu (natur)
1 EL Polenta (Maisgrieß)
1–2 Msp. ger. Muskatnuss

ZUSÄTZLICH:

etwas vegane Margarine für die Form

PRO STÜCK:

E: 13 g, F: 16 g, Kh: 22 g, kcal: 290

1. Zum Vorbereiten den Spinat nach Packungsanleitung auftauen lassen.

2. Für den Teig Polenta mit Mehl, 1 Teelöffel Salz und 1 Prise gemahlenem Pfeffer in einer Rührschüssel mischen. Margarine in Flöckchen dazugeben. Die Zutaten mit einem Mixer (Knethaken) zunächst kurz auf niedrigster, dann auf höchster Stufe gut durcharbeiten. 2–3 Esslöffel kaltes Wasser zugeben und dann auf der leicht bemehlten Arbeitsfläche kurz zu einer Teigkugel verkneten. Die Teigkugel in Frischhaltefolie gewickelt 1–2 Stunden in den Kühlschrank legen.

3. Zwei Drittel des Teiges auf dem Boden einer Springform (ø 26 cm, Boden gefettet) ausrollen. Den Springformrand darumstellen. Restlichen Teig zu einer langen Rolle formen, auf den Teigboden legen und dann so an die Form drücken, dass ein etwa 4 cm hoher Rand entsteht.

4. Für die Füllung Zwiebeln und Knoblauch abziehen und fein würfeln. Das Öl in einer Pfanne erhitzen. Zwiebel- und Knoblauchwürfel darin goldgelb dünsten, Sojamehl unterrühren. Den Haferdrink unterrühren. Die Zutaten aufkochen, dabei darauf achten, dass keine Klümpchen entstehen. Dann die Zwiebelmischung beiseitestellen.

5. Den Backofen vorheizen.
Ober-/Unterhitze: etwa 180 °C
Heißluft: etwa 160 °C

6. Aufgetauten Spinat in einem Sieb sehr gut abtropfen lassen. Seidentofu in einem hohen Rührbecher pürieren. Räuchertofu und Tofu mit den Händen zerbröseln, in eine Schüssel geben. Spinat etwas kleiner schneiden, mit allen Tofusorten, beiseitegestellter Zwiebelmischung und Polenta vermengen.

7. Die Füllung mit 1–2 Teelöffeln Salz, gemahlenem Pfeffer und Muskatnuss kräftig würzen, dann gleichmäßig in der Springform verteilen.

8. Die Form auf dem Rost in den vorgeheizten Backofen (unteres Drittel) schieben. Die Spinat-Quiche **etwa 60 Minuten backen.**

9. Die Form auf einen Kuchenrost stellen. Quiche etwas abkühlen lassen. Dann den Springformrand lösen und entfernen. Quiche lauwarm servieren.

STECKRÜBENSUPPE MIT APFELCHIPS

Zubereitungszeit: 30 Minuten
Garzeit: etwa 20 Minuten

ZUTATEN FÜR 4 PORTIONEN

1 Steckrübe (etwa 500 g)
1 Möhre
120 g Knollensellerie
1 Zwiebel
2 EL Rapsöl
2 TL gerebelter Thymian
1 l vegane Gemüsebrühe
100 ml Dinkel- oder Hafercreme zum Kochen
ger. Muskatnuss
20 g Apfelchips
4 Stängel Thymian

PRO PORTION:

E: 3 g, F: 9 g, Kh: 16 g, kcal: 171

1. Steckrübe, Möhre und Knollensellerie putzen, schälen, abspülen, abtropfen lassen und in kleine Stücke schneiden.

2. Zwiebel abziehen, halbieren und in kleine Würfel schneiden.

3. Rapsöl in einem Topf erhitzen. Zwiebelwürfel und Thymian darin andünsten. Gemüsestücke hinzugeben und unter Rühren mitdünsten lassen. Brühe hinzugießen und zum Kochen bringen. Das Gemüse zugedeckt etwa 20 Minuten garen.

4. Anschließend das Gemüse in der Brühe pürieren. Dinkel- oder Hafer-Kochcreme unterrühren und die Suppe unter Rühren aufkochen. Die Suppe mit Salz, gemahlenem Pfeffer und Muskatnuss würzen.

5. Apfelchips in Stücke brechen. Thymian abspülen und trocken tupfen.

6. Die Steckrübensuppe in Tellern anrichten, mit je 1 Thymianstängel und einigen Apfelchips anrichten.

REZEPTVARIANTE:

Für einen **Eintopf von Kraut und Rüben** (6 Portionen) von je ½ kleinen Kopf Weißkohl und Wirsing die äußeren schlechten Blätter entfernen und jeweils den Strunk herausschneiden. Weißkohl- und Wirsinghälfte abspülen, abtropfen lassen und ohne Blattrippen in feine Streifen schneiden. 300 g Steckrüben putzen, schälen, abspülen, abtropfen lassen und in kleine Würfel schneiden. 300 g festkochende Kartoffeln schälen, abspülen, abtropfen lassen und ebenfalls klein würfeln. 1 Gemüsezwiebel abziehen, halbieren und in kleine Würfel schneiden. Den Backofen vorheizen (Ober-/Unterhitze: etwa 200 °C; Heißluft: etwa 180 °C). 1 kleine Stange Lauch putzen, die Stange längs halbieren, gründlich waschen, abtropfen lassen und in feine Streifen schneiden. 1 Bund glatte Petersilie abspülen und trocken tupfen. Die Blättchen von den Stängeln zupfen. Blättchen grob zerkleinern. 6 Esslöffel Speiseöl in einem Bräter erhitzen, vorbereitete Gemüsezutaten und Kartoffelwürfel darin portionsweise unter Rühren andünsten. 1 ½ l heiße vegane Brühe hinzugießen und zum Kochen bringen. Den Bräter zugedeckt auf dem Rost in den vorgeheizten Backofen schieben und den Eintopf etwa 35 Minuten garen. Den gegarten Eintopf mit Salz, gemahlenem Pfeffer und geriebener Muskatnuss abschmecken.

STRUDEL MIT NUSS-LINSEN-FÜLLUNG

Zubereitungszeit: 45 Minuten
Backzeit: etwa 35 Minuten

FÜR DIE FÜLLUNG:

125 g kleine grüne Linsen, z. B. Le Puy
300 ml vegane Gemüsebrühe
2 Knoblauchzehen
1 Zwiebel
150 g Champignons
1 Stange Lauch (etwa 250 g)
2 EL Pflanzenöl zum Braten
150 ml Pflanzencreme
(evtl. etwas veganer Weißwein)
1 ½ EL Cashew- oder Mandelmus (aus dem Glas)
je ½ Bund glatte Petersilie, Dill und Basilikum
200 g Tomaten
35 g Nuss-Kerne-Mix

1 Pck. (250 g) frischer veganer Filoteig
(aus dem Kühlregal)
etwa 4 EL Olivenöl zum Bestreichen

FÜR DIE SAUCE:

1 rote Paprikaschote (etwa 250 g)
1 Knoblauchzehe, 1 Zwiebel
1 EL Olivenöl oder vegane Margarine
250 ml Pflanzencreme zum Kochen,
z. B. Hafer Cusine
1–2 TL Cashew- oder Mandelmus (aus dem Glas)
etwas veganes Gemüsebrühe-Pulver

½ Bund glatte Petersilie

PRO PORTION:

E: 22 g, F: 40 g, Kh: 67 g, kcal: 736

1. Für die Füllung Linsen verlesen, mit kaltem Wasser abspülen und abtropfen lassen. Linsen und Gemüsebrühe in einem Topf zum Kochen bringen. Linsen bei schwacher Hitze etwa 30 Minuten kochen lassen, sie sollten noch leichten Biss haben.

2. In der Zwischenzeit Knoblauch und Zwiebel abziehen, in feine Würfel schneiden. Champignons putzen, evtl. kurz abspülen und gut trocken tupfen. Champignons in Scheiben schneiden. Lauch putzen, die Stange längs halbieren, gründlich waschen und abtropfen lassen. Lauch in Streifen schneiden.

3. Pflanzenöl in einer Pfanne erhitzen. Zwiebel-, Knoblauchwürfel, Champignons und Lauch darin unter Rühren andünsten. Mit Salz und gemahlenem Pfeffer würzen. Pflanzencreme und Nussmus unterrühren und alles kurz kochen lassen.

4. Die gegarten Linsen abtropfen lassen. Kräuter abspülen, trocken tupfen und die Blättchen bzw. Spitzen von den Stängeln zupfen, Spitzen und Blättchen klein schneiden. Die Tomaten abspülen, trocken tupfen, halbieren und die Stängelansätze entfernen. Tomaten fein würfeln, mit den Linsen, Kräutern und dem Nussmix unter das Gemüse mischen.

5. Den Backofen vorheizen.
Ober-/Unterhitze: etwa 180 °C
Heißluft: etwa 160 °C

6. Ein Teigblatt auf einer gesäuberten Arbeitsfläche ausbreiten, dünn mit Olivenöl bestreichen. Restliche Teigblätter nach und nach passgenau darauflegen und jeweils dünn mit Olivenöl bestreichen. Die Füllung auf der Teigplatte verteilen, rundherum einen breiten Rand frei lassen. Die beiden seitlichen Teigränder etwas über die Füllung klappen. Den Teig von der kürzeren Seite aus zu einem Strudel aufrollen und mit der Naht nach unten auf ein Backblech (mit Backpapier belegt) legen. Den Strudel mit restlichem Olivenöl bestreichen.

7. Das Backblech in den vorgeheizten Backofen schieben. Den Strudel in **etwa 35 Minuten goldbraun backen.**

8. In der Zwischenzeit für die Sauce Paprikaschote halbieren, entstielen, entkernen und die weißen Scheidewände entfernen. Schote abspülen, abtropfen lassen und würfeln. Knoblauch und Zwiebel abziehen, in feine Würfel schneiden.

9. Olivenöl oder Margarine in einem Topf erhitzen. Zwiebel-, Knoblauch- und Paprikawürfel darin andünsten. Pflanzencreme und Nussmus unterrühren, zum Kochen bringen und zugedeckt etwa 10 Minuten kochen lassen.

10. Die Sauce fein pürieren, mit Salz, gemahlenem Pfeffer und Brühe abschmecken, nach Belieben noch etwas einkochen lassen.

11. Petersilie abspülen, trocken tupfen und die Blättchen von den Stängeln zupfen, Blättchen klein schneiden.

12. Das Backblech aus dem Backofen nehmen. Den Strudel mit Nuss-Linsen-Füllung in Stücke schneiden und mit der Sauce anrichten. Mit Petersilie bestreut servieren.

EXTRA-TIPP:

Bereiten Sie gleich die doppelte Menge Linsen zu und servieren Sie sie mit einem Dressing mariniert, z. B. in einer Bowl mit gemischtem Gemüse (siehe auch Rezept Rote-Bete-Hülsenfrucht-Bowl, Seite 132).

SÜSSKARTOFFEL-FRIES MIT ZITRUS-SALZ

● Zubereitungszeit: 20 Minuten
Röstzeit: 22–25 Minuten

ZUTATEN FÜR 4 PORTIONEN

700 g Süßkartoffeln
4 EL Olivenöl
etwas Cayennepfeffer
1 TL fein abger. Schale von 1 Bio-Zitrone (unbehandelt, ungewachst)
1 TL fein abger. Schale von 1 Bio-Limette (unbehandelt, ungewachst)
1 TL grobes Meersalz

PRO PORTION:

E: 2 g, F: 11 g, Kh: 34 g, kcal: 246

1. Den Backofen vorheizen.
Ober-/Unterhitze: etwa 200 °C
Heißluft: etwa 180 °C

2. Die Süßkartoffeln schälen, abspülen, abtropfen lassen und in etwa ½ cm dicke Stifte schneiden. Kartoffelstifte in einer großen Schüssel mit Olivenöl und Cayennepfeffer mischen und gleichmäßig auf einem Backblech (mit Backpapier belegt) verteilen.

3. Das Backblech in den vorgeheizten Backofen (unteres Drittel) schieben. Die Kartoffelstifte **22–25 Minuten rösten,** dabei nach etwa 15 Minuten einmal wenden.

4. Die Zitrusschalen mit dem Meersalz vermischen. Die Süßkartoffelstifte damit bestreuen.

BEILAGE:

Die Süßkartoffel-Fries mit einem **Kräuter-Gemüse-Dip** servieren. Dafür 350 g Zucchini abspülen, abtrocknen und die Enden abschneiden. 1 gelbe Paprikaschote (etwa 200 g) halbieren, entstielen, entkernen und die weißen Scheidewände herausschneiden. Schote abspülen und abtropfen lassen. 300 g Fleischtomaten abspülen, abtrocknen, vierteln und dabei die Stängelansätze herausschneiden. Das Gemüse in Stücke schneiden und grob pürieren (es soll kein Mus entstehen).
3 Knoblauchzehen abziehen, durch eine Knoblauchpresse zum Gemüsepüree hinzudrücken. 200 ml Olivenöl, 50 g TK-Kräuter der Provence und 4 Esslöffel hellen veganen Balsamico-Essig unterrühren. Den Dip mit Salz und gemahlenem Pfeffer abschmecken und zugedeckt in den Kühlschrank stellen. Den Dip nochmals durchrühren und abschmecken, zu den Süßkartoffel-Fries servieren.

REZEPTVARIANTE:

Für **klassische Kartoffelspalten mit roten Zwiebeln** 2 Kilogramm mittelgroße festkochende Kartoffeln unter fließendem kalten Wasser gründlich abbürsten, abtrocknen und mit der Schale der Länge nach achteln. Etwas Meersalz mit gemahlenem Pfeffer und 5 Esslöffeln Olivenöl verrühren, mit den Kartoffelspalten vermengen und mindestens 30 Minuten marinieren. Inzwischen den Backofen vorheizen (Ober-/Unterhitze: etwa 200 °C, Heißluft: etwa 180 °C). Die Kartoffelspalten mit der Marinade auf einem Backblech (mit Backpapier belegt) verteilen und in den vorgeheizten Backofen schieben. Die Kartoffelspalten etwa 40 Minuten garen. Inzwischen 500 g rote Zwiebeln abziehen und in Scheiben schneiden.
3 Stängel Rosmarin abspülen, trocken tupfen und etwas kleiner zupfen, mit 4 Esslöffeln Olivenöl mischen. Nach der Hälfte der Garzeit Zwiebeln und Rosmarin zu den Kartoffelspalten geben und alles fertig garen.

SÜSSKARTOFFELN AUS DEM OFEN

Zubereitungszeit: 25 Minuten
Garzeit: Kartoffeln 60–70 Minuten
Gratinierzeit: etwa 15 Minuten

ZUTATEN FÜR 4 PORTIONEN

4 kleine bis mittelgroße Süßkartoffeln (je 350–400 g, Bataten)
200 g frische Pilze der Saison, z. B. Wald- oder Kulturpilze, etwa Pfifferlinge, Champignons, Kräuterseitlinge, Shiitake, Austernseitlinge
2 Knoblauchzehen
2 Frühlingszwiebeln
40 g abgetropfte, getrocknete Tomaten (in Öl)
½ Bund Kräuter nach Wahl, z. B. Basilikum, Dill, Petersilie, Schnittlauch
200 g abgetropfter veganer Feta-Ersatz, z. B. auf Kokosbasis

2 EL Öl (von den Tomaten)
200 ml Pflanzencreme zum Kochen, z. B. Hafer-Cusine
50 g Pekannusskerne (alternativ Walnusskerne oder Mandeln)

PRO PORTION:

E: 11 g, F: 37 g, Kh: 84 g, kcal: 667

1. Den Backofen vorheizen.
Ober-/Unterhitze: etwa 180 °C
Heißluft: etwa 160 °C

2. Die Süßkartoffeln gründlich waschen, abtropfen lassen und in einer großen Auflaufform oder auf einem Backblech verteilen.

3. Die Form auf dem Rost oder das Backblech in den vorgeheizten Backofen schieben. Die Süßkartoffeln **in 60–70 Minuten knapp weich garen.**

4. In der Zwischenzeit die Pilze putzen, evtl. kurz abspülen, gut trocken tupfen und etwas kleiner schneiden.

5. Knoblauch abziehen und fein würfeln. Frühlingszwiebeln putzen, abspülen, abtropfen lassen und in Scheiben schneiden. Von den Tomaten das Öl auffangen und 2 Esslöffel davon abmessen. Tomaten in Streifen schneiden. Kräuter abspülen, trocken tupfen und die Blättchen bzw. Spitzen von den Stängeln zupfen, Schnittlauch in Röllchen schneiden. Feta-Ersatz in Würfel schneiden.

6. Das aufgefangene Öl in einer großen Pfanne erhitzen, die Pilzstücke darin bei starker Hitze unter Wenden etwa 3 Minuten braten. Pilze herausnehmen.

7. Tomatenstreifen, Zwiebel-, Knoblauchwürfel und Frühlingszwiebelscheiben zum verbliebenen Bratfett in die Pfanne geben und etwa 2 Minuten unter Wenden braten. Mit Salz und gemahlenem Pfeffer würzen. Die Pflanzencreme hinzugießen und alles kurz kochen lassen. Pilze, Kräuter und vegane Fetastückchen untermischen, mit Salz und gemahlenem Pfeffer abschmecken.

8. Die Form oder das Backblech aus dem Backofen nehmen. Die gegarten Kartoffeln längs tief einschneiden und etwas auseinanderdrücken. Nach Belieben jeweils etwas Fruchtfleisch mit einem Löffel ausheben.

9. Die Kartoffelhälften mit Salz und gemahlenem Pfeffer würzen. Die Feta-Pilz-Füllung hineingeben. Pekannusskerne grob hacken und auf die Füllung streuen. Die Form wieder auf dem Rost oder das Backblech in den heißen Backofen schieben. Die Kartoffeln **weitere etwa 15 Minuten im Backofen gratinieren.**

SÜSSKARTOFFELSTAMPF MIT CHILI UND BLUMENKOHL

Zubereitungszeit: 20 Minuten
Röstzeit: etwa 45 Minuten

ZUTATEN FÜR 4 PERSONEN

FÜR DAS BLUMENKOHLGEMÜSE:

etwa 5 EL Olivenöl
etwa 1 TL mildes Currypulver
2 EL heller Sesamsamen
1 EL Schwarzkümmelsamen (Nigella)
1 Zwiebel
1 Knoblauchzehe
1 mittelgroßer Blumenkohl (etwa 800 g)

FÜR DEN SÜSSKARTOFFEL-STAMPF:

1 kg kleine Süßkartoffeln
1 kleines Bund Petersilie oder Schnittlauch
100 ml Pflanzencreme zum Kochen, z. B. Hafer- oder Sojacreme

ZUM BESTREUEN:

2 EL Olivenöl
75 g geröstete Chili-Erdnusskerne

PRO PORTION:

E: 15 g, F: 33 g, Kh: 56 g, kcal: 601

1. Den Backofen vorheizen.
Ober-/Unterhitze: etwa 180 °C
Heißluft: etwa 160 °C

2. Für die Würzmischung Olivenöl mit 1 gestrichenen Teelöffel Salz, etwas gemahlenem Pfeffer, Curry, Sesam und Schwarzkümmelsamen verrühren. Zwiebel und Knoblauch abziehen, sehr fein würfeln und untermischen.

3. Den Blumenkohl putzen, abspülen und abtropfen lassen. Blumenkohl in Röschen teilen. Mit der Würzmischung gründlich vermischen und auf einem Backblech oder in einer großen, flachen Auflaufform verteilen.

4. Das Backblech oder die Auflaufform auf dem Rost in den vorgeheizten Backofen schieben. Blumenkohl unter gelegentlichem Wenden **etwa 45 Minuten rösten.**

5. In der Zwischenzeit Süßkartoffeln waschen, in einem großen Topf knapp mit Wasser bedeckt zum Kochen bringen, 1 Teelöffel Salz hinzugeben. Die Kartoffeln in etwa 20 Minuten weich garen.

6. Kräuter abspülen und trocken tupfen. Von der Petersilie die Blättchen von den Stängeln zupfen, Blättchen fein schneiden. Schnittlauch in Röllchen schneiden.

7. Die gegarten Süßkartoffeln abgießen, abdämpfen und etwas abkühlen lassen. Süßkartoffeln pellen, würfeln und fein pürieren. Dabei Pflanzencreme, Salz, gemahlenen Pfeffer und Olivenöl untermischen.

8. Den Süßkartoffelstampf abschmecken. Die Erdnusskerne hacken. Süßkartoffelstampf und Blumenkohl auf Tellern anrichten. Den Stampf mit Nusskernen und Kräutern bestreut servieren.

EXTRA-TIPP:

Bereiten Sie am besten gleich eine größere Menge Süßkartoffelstampf vor. Der Stampf lässt sich mit etwas Olivenöl oder Margarine in einer Pfanne kurz aufbraten und als rasche Beilage zu einem weiteren Mittagessen (etwa Rote-Bete-Piccata, Rezept siehe Seite 92, veganen Burgern oder veganen Frikadellen) servieren.

SÜSSKARTOFFELSUPPE MIT LIMETTEN-ZWIEBELN

Zubereitungszeit: 30 Minuten
Garzeit: etwa 20 Minuten

ZUTATEN FÜR 4 PORTIONEN

1 kg nicht zu große Süßkartoffeln, z. B. rotfleischige Süßkartoffeln
1–2 rote Chilischoten (ersatzweise Chiliflocken oder Cayennepfeffer)
2 Knoblauchzehen
2 EL Olivenöl
1 ½ l vegane Gemüsebrühe
200 g rote Zwiebeln
2 Limetten
3 EL vegane Margarine
1 EL Roh-Rohrzucker
140 g abgetropfter Gemüsemais (aus Dosen)
½ Bund Koriander oder Petersilie

PRO PORTION:

E: 11 g, F: 25 g, Kh: 78 g, kcal: 578

1. Süßkartoffeln schälen, abspülen, abtropfen lassen und grob würfeln. Die Chilischoten halbieren, entstielen, entkernen, abspülen, abtropfen lassen und in Stücke schneiden. Knoblauch abziehen und durch eine Knoblauchpresse drücken.

2. Das Olivenöl in einem großen Topf erhitzen. Chili und Knoblauch darin andünsten. Die Süßkartoffelwürfel hinzugeben und unter Rühren mit andünsten. Die Kartoffelwürfel mit Salz würzen.

3. Die Gemüsebrühe hinzugießen und zum Kochen bringen. Die Suppe etwa 20 Minuten zugedeckt köcheln lassen, dabei gelegentlich umrühren.

4. Inzwischen die Zwiebeln abziehen und in dünne Spalten schneiden. Die Limetten halbieren und auspressen. 2 Esslöffel Margarine in einer Pfanne zerlassen und die Zwiebelspalten darin unter Rühren andünsten. Den Zucker darüberstreuen und karamellisieren lassen. Den Limettensaft unterrühren und mit Salz würzen. Die Zwiebeln zugedeckt weich schmoren, sodass sie schön glänzen. Gegebenenfalls etwas Wasser zugeben.

5. Sobald die Süßkartoffelwürfel weich sind, die Zutaten in der Brühe fein pürieren, nach Belieben durch ein Sieb passieren. Maiskörner gut abtropfen lassen. Restliche Margarine in einer Pfanne zerlassen. Die Maiskörner darin andünsten, mit Salz und gemahlenem Pfeffer würzen.

6. Koriander oder Petersilie abspülen und abtropfen lassen. Die Blättchen von den Stängeln zupfen. Die Suppe mit Salz und gemahlenem Pfeffer abschmecken, mit Koriander oder Petersilie garniert servieren. Limetten-Zwiebeln und Mais dazureichen.

TIPPS:

Sie können die Suppe, ohne Zwiebeln und Mais, am Vortag zubereiten, dann erkaltet und zugedeckt in den Kühlschrank stellen. Zum Servieren die Süßkartoffelsuppe kurz aufkochen und mit Koriander- oder Petersilienblättern garniert servieren. Bereiten Sie nur die Zwiebeln und den Mais dann am Tag des Servierens zu und reichen die frisch zubereiteten Beilagen zur Suppe.
Wer es sich einfacher machen möchte, serviert fertig gekaufte Röstzwiebeln zur Suppe. Die Limetten dann in Spalten extra zur Suppe servieren. Die Spalten nach Geschmack mit Händen über der Suppe auspressen und die Suppe mit dem Limettensaft aromatisieren.

TOFU MIT MÖHREN-RETTICH-RELISH

Zubereitungszeit: 45 Minuten, ohne Durchziehzeit

ZUTATEN FÜR 4 PORTIONEN

225 g Möhren
300 g Rettich
25 g frischer Ingwer
2 EL Reisessig

FÜR DIE SAUCE:

½–1 rote Chilischote
2 Knoblauchzehen
2 EL Reisessig
1 EL gem. Kurkuma (Gelbwurz)
4 EL vegane asiatische Pilzsauce
2 EL vegane Sojasauce
450 g Tofu
6 EL Speiseöl, z.B. Maiskeimöl

PRO PORTION:

E: 20 g, F: 22 g, Kh: 19 g, kcal: 358

1. Die Möhren putzen, schälen, abspülen, abtropfen lassen und grob raspeln. Die Möhrenraspel mit 1 gestrichenem Teelöffel Salz mischen, zugedeckt etwa 2 Stunden durchziehen lassen.

2. Den Rettich putzen, schälen, abspülen, abtropfen lassen und ebenfalls grob raspeln. Den Ingwer schälen und fein reiben. Möhren- und Rettichraspel mit Reisessig, 2 Esslöffeln Zucker und Ingwer mischen. Rettich-Relish evtl. nochmals mit Salz abschmecken.

3. Für die Sauce Chilischote entstielen, halbieren, abspülen, abtropfen lassen und fein hacken. Knoblauch abziehen, klein schneiden. Chili und Knoblauch mit Reisessig, Kurkuma, Pilz- und Sojasauce mischen.

4. Tofu zuerst in etwa 1½ cm dicke Scheiben, dann in 12 jeweils etwa 5 x 8 cm große Stücke schneiden. Jedes Stück auf einer Seite mehrmals der Länge nach quer mit einem Messer leicht einritzen.

5. Jeweils die Hälfte des Speiseöls am besten in 2 großen Pfannen erhitzen. Die Tofustücke bei mittlerer Hitze auf jeder Seite goldbraun braten. Dann die Sauce hinzugeben und etwa 1 Minute etwas dickflüssig einkochen lassen. Tofu mit dem Relish servieren.

REZEPTVARIANTE:

Für ein **Tofu-Gemüse-Ragout** (2 Portionen) je 1 Knoblauchzehe und Zwiebel abziehen, beides fein würfeln. Je ½ grüne und rote Paprikaschote entstielen, entkernen und die weißen Scheidewände entfernen. Schoten abspülen, abtropfen lassen und in Würfel schneiden. 125 g Zucchini und 200 g Auberginen abspülen, abtropfen lassen und die Enden abschneiden. Beides grob würfeln. 200 g Tomaten abspülen, abtropfen lassen, halbieren und die Stängelansätze herausschneiden. Tomaten grob würfeln. 2 Esslöffel Olivenöl in einem Topf erhitzen. Knoblauch- und Zwiebelwürfel darin unter Rühren kurz andünsten. Zucchini- und Auberginenwürfel zugeben, mit Salz, gemahlenem Pfeffer und je 1 Messerspitze gerebeltem Rosmarin, Thymian und Oregano würzen. Gemüse unter Rühren bei schwacher Hitze mit Deckel 5–8 Minuten dünsten. Paprikawürfel dazugeben und weitere etwa 5 Minuten mit Deckel dünsten. Dann die Tomatenstücke unterheben und einmal aufkochen lassen. Inzwischen 200–250 g Tofu in Würfel schneiden. 1 weiteren Esslöffel Öl in einer Pfanne erhitzen. Die Tofuwürfel darin von allen Seiten bei mittlerer Hitze anbraten. Tofuwürfel mit 75 g Oliven mit Kräutern (aus dem Glas) zum Gemüse geben und vorsichtig untermengen. Ragout mit Deckel noch etwa 5 Minuten garen. Das Ragout nach Belieben mit den Gewürzen abschmecken.

TOFU-CURRY-AUFSTRICH

Zubereitungszeit: 30 Minuten, ohne Durchziehzeit

ZUTATEN FÜR 6–8 PORTIONEN

20 g Rosinen
2 EL Orangensaft (frisch gepresst)
1 EL vegane Sojasauce
200 g abgetropfter Tofu (natur)
2 EL Sojajoghurt (natur)
2 EL Hot-Mango-Chutney (aus dem Glas)
½ TL Currypulver

PRO PORTION:

E: 5 g, F: 2 g, Kh: 6 g, kcal: 61

1. Rosinen mit Orangensaft und Sojasauce vermischen, etwa 30 Minuten durchziehen lassen.

2. Tofu mit einer Gabel fein zerdrücken. Sojajoghurt, Chutney und Curry hinzugeben und unterrühren.

3. Die Rosinen mit der Einweichflüssigkeit unter den Aufstrich rühren, mit Salz und gemahlenem Pfeffer abschmecken.

4. Den Tofu-Curry-Aufstrich sofort servieren oder in ein verschließbares Gefäß füllen und in den Kühlschrank stellen.

TIPP:

Der Aufstrich ist im Kühlschrank 4–5 Tage haltbar.

TOFU-EINTOPF

Zubereitungszeit: 20 Minuten, ohne Marinierzeit
Garzeit: etwa 20 Minuten

ZUTATEN FÜR 4 PORTIONEN

800 g Tofu (natur)
3 EL vegane Sojasauce
2 Zwiebeln
je 2 gelbe und grüne Paprikaschoten
500 g Champignons
500 g Tomaten
3–5 Stängel Majoran oder Thymian
3–4 EL Speiseöl, z. B. Sonnenblumenöl
1 l vegane Gemüsebrühe
2–3 EL Tomaten- oder Paprikamark
Paprikapulver rosenscharf

PRO PORTION:

E: 41 g, F: 23 g, Kh: 19 g, kcal: 437

1. Den Tofu in mundgerechte Stücke schneiden, in einen tiefen Teller geben, mit Sojasauce beträufeln. Tofuwürfel 20–30 Minuten marinieren, dabei ab und zu wenden.

2. In der Zwischenzeit die Zwiebeln abziehen, halbieren und fein würfeln. Die Paprikaschoten halbieren, entstielen, entkernen und die weißen Scheidewände entfernen. Schoten abspülen, abtropfen lassen und in Stücke schneiden. Champignons putzen und in Scheiben schneiden.

3. Tomaten kreuzweise einschneiden und mit kochendem Wasser übergießen. Nach 1–2 Minuten herausnehmen und mit kaltem Wasser abschrecken. Tomaten enthäuten, halbieren und die Stängelansätze herausschneiden. Tomaten entkernen und das Fruchtfleisch in mundgerechte Stücke schneiden.

4. Majoran oder Thymian abspülen, trocken tupfen und die Blättchen von 2 Stängeln zupfen. Blättchen und Stängel beiseitelegen.

5. Zwei Esslöffel Öl in einem Topf erhitzen. Tofuwürfel aus der Sojasauce nehmen, evtl. etwas abtropfen lassen und in 2 Portionen in dem heißen Öl von allen Seiten bei mittlerer bis starker Hitze in etwa 5 Minuten hellbraun anbraten. Dann aus dem Topf nehmen und beiseitestellen.

6. Restliches Öl in den Topf geben, erhitzen und die Zwiebelwürfel darin andünsten. Die Paprikawürfel und Pilzscheiben zugeben und kurz mitdünsten.

7. Gemüsebrühe, Tomaten- oder Paprikamark mit den Kräuterstängeln zugeben, alles einmal aufkochen lassen und etwa 5 Minuten bei schwacher Hitze zugedeckt kochen lassen, das Gemüse sollte noch bissfest sein.

8. Die beiseitegelegten Tofuwürfel mit den Tomatenstücken hinzugeben, alles erneut aufkochen und weitere etwa 5 Minuten köcheln lassen. Die Kräuterstängel aus dem Eintopf entfernen. Den Eintopf mit Salz, gemahlenem Pfeffer und Paprikapulver abschmecken, mit den beiseitegelegten Kräuterblättchen bestreuen.

TOFUGEMÜSE, BUNT

◉ Zubereitungszeit: 1 Stunde, ohne Marinierzeit
Garzeit: etwa 15 Minuten

ZUTATEN FÜR 2 PORTIONEN

100 g Tofu (natur)
1 EL vegane Sojasauce
1 Frühlingszwiebel
100 g Brokkoli
100 g Blumenkohl
1 kleine Möhre
100 g Zuckerschoten
½–1 EL geschälte Sesamsamen
2 EL Speiseöl, z. B. Sonnenblumenöl
1 Knoblauchzehe
50 g abgetropfte Bambuskeimlinge (aus dem Glas)

PRO PORTION:

E: 14 g, F: 16 g, Kh: 13 g, kcal: 271

1. Den Tofu in dicke Scheiben schneiden und in eine flache Schale geben. Die Tofuscheiben mit der Sojasauce beträufeln und mit Frischhaltefolie zugedeckt etwa 30 Minuten marinieren.

2. In der Zwischenzeit die Frühlingszwiebel putzen, abspülen, abtropfen lassen und in feine Scheiben schneiden. Vom Brokkoli und Blumenkohl die Blätter entfernen und den Strunk abschneiden. Brokkoli und Blumenkohl in kleine Röschen teilen, gründlich abspülen und abtropfen lassen.

3. Möhre putzen, schälen, abspülen und abtropfen lassen. Möhre längs halbieren und schräg in schmale Scheiben schneiden.

4. Von den Zuckerschoten die Enden abschneiden und evtl. abfädeln. Zuckerschoten abspülen, abtropfen lassen und je nach Größe evtl. quer halbieren.

5. Die Tofuscheiben aus der Marinade nehmen, etwas trocken tupfen und mit Sesamsamen bestreuen.

6. Das Speiseöl in einer Pfanne erhitzen. Tofuscheiben von beiden Seiten darin anbraten, dann herausnehmen und beiseitestellen.

7. Knoblauchzehe abziehen und durch eine Knoblauchpresse in die Pfanne zum restlichen Bratfett drücken.

8. Das vorbereitete Gemüse mit den Bambuskeimlingen hinzugeben, mit Salz und gemahlenem Pfeffer würzen. Das Gemüse zugedeckt etwa 15 Minuten garen, dabei häufig umrühren. Evtl. etwas Wasser hinzugeben.

9. Dann den beiseitegestellten Tofu zum Gemüse geben und nochmals kurz darin erwärmen.

TOFUSCHNITTEN MIT NUSS-ZWIEBEL-KRUSTE

Zubereitungszeit: 10 Minuten, ohne Ziehzeit
Überbackzeit: etwa 15 Minuten

ZUTATEN FÜR 4 PORTIONEN

4 Stücke abgetropfter Tofu (je etwa 125 g)
2–3 EL vegane Sojasauce
4 EL Sojaöl
evtl. 1 Prise geschroteter Chili und/oder Curry
1 große Fleischtomate
80 g Nuss-Mix, z. B. Haselnusskerne, Mandeln, Walnuss-, Cashewkerne
2–3 EL Röstzwiebeln
2 mittelgroße Salatgurken (je etwa 350 g)
1 kleine rote Zwiebel
2 EL Zitronensaft

PRO PORTION:

E: 16 g, F: 29 g, Kh: 9 g, kcal: 373

1. Den Backofen vorheizen.
Ober-/Unterhitze: etwa 200 °C
Heißluft: etwa 180 °C

2. Tofustücke nebeneinander in eine flache Auflaufform legen. Zunächst Sojasauce, dann 2 Esslöffel Öl darüberträufeln. Mit gemahlenem Pfeffer, Chili und/oder Curry bestreuen.

3. Tomate abspülen, abtrocknen, den Stängelansatz herausschneiden. Tomate in Scheiben schneiden und auf den Tofustücken verteilen.

4. Nüsse hacken und auf den Tomatenscheiben verteilen. Zwiebeln darüberstreuen. Die Form auf dem Rost in den vorgeheizten Backofen schieben. Die Tofuschnitten **etwa 15 Minuten knusprig überbacken.**

5. Inzwischen die Gurken schälen, in feine Scheiben hobeln, mit ½ Teelöffel Salz in einer Schüssel mischen, kurz ziehen lassen.

6. Zwiebel abziehen, halbieren und in feine Ringe schneiden. gemahlenen Pfeffer, restliches Öl und Zitronensaft unter die Gurkenscheiben mischen. Zwiebelringe darüberstreuen. Tofu und Gurkensalat anrichten.

TIPPS:

Dazu passt beispielsweise knuspriges veganes Baguette oder Zwiebelbaguette.
Die Tofuscheiben können Sie schon am Abend vorher marinieren und fertig belegt in eine Auflaufform geben. Mit Folie bedeckt im Kühlschrank aufbewahren. Am nächsten Tag im Backofen knusprig backen.
Die Tofuscheiben schmecken auch mit gerösteten, gesalzenen Erdnusskernen oder Chili-Nussmix aus der Snack-Packung sehr lecker.

REZEPTVARIANTE:

Für einen **Salat mit Sesam-Tofu** (2 Portionen) 200 g Tofu in kleine Würfel schneiden und in eine flache Schale legen. 1 ½ Esslöffel dunkles Sesamöl mit 2 Esslöffeln Sojasauce verrühren. Die Tofuwürfel damit beträufeln und zugedeckt etwa 2 Stunden marinieren. 1 Zucchini abspülen, abtrocknen und die Enden abschneiden. Zucchini in feine Scheiben schneiden. 2 Frühlingszwiebeln putzen, abspülen, abtropfen lassen und in Scheiben schneiden. ½ Eisbergsalat putzen und den Strunk entfernen. Eisbergsalat abspülen, trocken tupfen und in Streifen schneiden. Die Salatzutaten in einer Schüssel mischen. 2–3 Esslöffel Zitronensaft mit Salz, gemahlenem Pfeffer und 1 Prise Zucker verrühren, 1 ½ EL dunkles Sesamöl unterschlagen. Die Sauce unter den Salat heben. Den Salat kurz durchziehen lassen. Tofuwürfel aus der Marinade nehmen, abtropfen lassen. 2 Esslöffel Rapsöl in einer Pfanne erhitzen. Die Tofuwürfel darin von allen Seiten knusprig braten und mit 2 Esslöffeln Sesamsamen bestreuen. Die Tofuwürfel aus der Pfanne nehmen und warm auf dem Salat verteilen.

TOMATEN, GEFÜLLT

- Zubereitungszeit: 20 Minuten
  Garzeit: Reis etwa 30 Minuten
  Garzeit: Tomaten etwa 20 Minuten

ZUTATEN FÜR 2 PORTIONEN (JE 3 STÜCK)

6 möglichst gleich große Tomaten (je etwa 100 g)

FÜR DIE REISFÜLLUNG:

1 Knoblauchzehe
½ EL Speiseöl, z. B. Olivenöl
40 g Vollkorn- oder Naturreis

FÜR DIE OLIVENFÜLLUNG:

50 g abgetropfte schwarze Oliven, ohne Stein
4–5 Stängel Petersilie

FÜR DIE PROVENZALISCHE FÜLLUNG:

1–2 Frühlingszwiebeln (etwa 60 g)
1 EL Vollkorn-Semmelbrösel, z. B. mit Dinkel (erhältlich im Reformhaus oder Naturkostladen)
1 TL getrocknete Kräuter der Provence

etwas vegane Margarine für die Form
125 ml vegane Gemüsebrühe

PRO PORTION:

E: 6 g, F: 8 g, Kh: 31 g, kcal: 221

1. Tomaten abspülen, abtrocknen und jeweils einen Deckel abschneiden. Tomaten vorsichtig mit einem Teelöffel aushöhlen. Das Tomatenfleisch beiseitelegen.

2. Für die Reisfüllung den Knoblauch abziehen und fein hacken. Speiseöl in einem Topf erhitzen, Knoblauch und Reis darin andünsten. Ein Drittel von dem beiseitegelegten Tomatenfleisch (etwa 70 g) mit Wasser auf 125 ml ergänzen, zum Reis geben und zum Kochen bringen. Den Reis zugedeckt bei schwacher Hitze etwa 30 Minuten nach Packungsanleitung köcheln lassen, bis die Flüssigkeit aufgesogen und der Reis gar ist. Reis mit Salz und gemahlenem Pfeffer abschmecken.

3. In der Zwischenzeit für die Olivenfüllung die Oliven fein hacken. Petersilie abspülen, trocken tupfen und die Blättchen von den Stängeln zupfen. Blättchen fein hacken und unterrühren, mit Salz und gemahlenem Pfeffer kräftig abschmecken.

4. Den Backofen vorheizen.
Ober-/Unterhitze: etwa 200 °C
Heißluft: etwa 180 °C

5. Für die provenzalische Füllung die Frühlingszwiebeln putzen, abspülen, abtropfen lassen und in feine Scheiben schneiden. Frühlingszwiebeln mit Semmelbröseln, Kräuter der Provence, 2 Esslöffeln von dem Tomatenfleisch sowie Salz und gemahlenem Pfeffer abschmecken.

6. Jede Füllung in 2 Tomaten geben. Die Tomaten in eine Auflaufform (gefettet) setzen, dabei die Tomatendeckel auflegen und leicht andrücken. Die Brühe angießen. Die Form auf dem Rost in den vorgeheizten Backofen schieben. Die Tomaten **etwa 20 Minuten garen.**

BEILAGE:

Veganes Vollkorn- oder Toastbrot.

TOMATEN-APRIKOSEN-SUGO MIT BASILIKUM

Zubereitungszeit: 25 Minuten
Garzeit: 6–9 Minuten

ZUTATEN FÜR 4 PORTIONEN

500 g vegane grüne Bandnudeln

FÜR DEN TOMATEN-APRIKOSEN-SUGO:

500 g reife aromatische Tomaten
400 g frische Aprikosen oder 250 g abgetropfte Aprikosenhälften (natursüß, aus der Dose)
2 Schalotten
3 EL Olivenöl
1 EL Voll-Rohrzucker
3–4 EL Zitronensaft
evtl. 3–4 EL Mandel- oder Olivenöl

PRO PORTION:

E: 18 g, F: 9 g, Kh: 102 g, kcal: 588

1. Wasser in einem großen Topf zugedeckt zum Kochen bringen. Dann Salz und Nudeln hinzugeben. Die Nudeln im geöffneten Topf bei mittlerer Hitze nach Packungsanleitung bissfest kochen, dabei gelegentlich umrühren.

2. In der Zwischenzeit Tomaten kreuzweise einschneiden und mit kochendem Wasser übergießen. Nach 1–2 Minuten herausnehmen und mit kaltem Wasser abschrecken. Tomaten enthäuten, halbieren und die Stängelansätze herausschneiden. Tomaten entkernen und in feine Würfel schneiden.

3. Frische Aprikosen kurz mit kochendem Wasser überbrühen, mit kaltem Wasser abschrecken und abtropfen lassen. Von den Aprikosen die Haut abziehen. Aprikosen halbieren und entkernen. Aprikosenhälften fein würfeln. Schalotten abziehen und ebenfalls in feine Würfel schneiden.

4. Das Olivenöl in einer Pfanne erhitzen. Die Schalottenwürfel darin glasig und weich dünsten. Anschließend mit Zucker bestreuen, leicht goldbraun karamellisieren lassen und mit Zitronensaft aromatisieren.

5. Aprikosenwürfel hinzugeben, mit Salz und gemahlenem Pfeffer würzen. Die Zutaten unter Rühren 2–3 Minuten dünsten. Dann die Tomatenwürfel hinzugeben und alles weitere 4–6 Minuten unter Rühren zu einem leicht stückigen Sugo einkochen.

6. Mandel- oder Olivenöl unter den Sugo rühren, nochmals mit Salz, gemahlenem Pfeffer und evtl. noch etwas Zucker und Zitronensaft abschmecken.

7. Die gegarten Nudeln in ein Sieb geben und abtropfen lassen.

8. Den Sugo mit den grünen Bandnudeln anrichten und sofort servieren.

TIPP:

Nach Belieben das fertige Pastagericht mit abgespülten, trocken getupften Basilikumblättchen garnieren.

REZEPTVARIANTE:

Für ein **Tomaten-Mango-Sugo mit Basilikum** statt der Aprikosen 1 Mango (etwa 470 g) für den Sugo verwenden. Das Mangofruchtfleisch vom Stein schneiden. Mango schälen und das Fruchtfleisch in etwa ½ cm große Würfel schneiden (etwa 200 g Fruchtfleisch) und wie die Aprikosen weiterverarbeiten.

TOMATENSAUCE

(IM FOTO UNTEN)

Zubereitungszeit: 15 Minuten
Garzeit: etwa 15 Minuten

ZUTATEN FÜR 4 PORTIONEN

1 kg reife Tomaten
1 Zwiebel
1 Knoblauchzehe
2–3 EL Olivenöl
evtl. 2 EL Tomatenmark
etwa 1 TL Voll-Rohrzucker
1 Spritzer Weißweinessig
1 EL klein geschnittener Oregano

PRO PORTION:

E: 2 g, F: 7 g, Kh: 8 g, kcal: 104

1. Die Tomaten kreuzweise einschneiden und mit kochendem Wasser übergießen. Nach 1–2 Minuten herausnehmen und mit kaltem Wasser abschrecken. Die Tomaten enthäuten, halbieren und die Stängelansätze herausschneiden. Tomaten in Würfel schneiden. Zwiebel und Knoblauch abziehen, klein würfeln.

2. Olivenöl in einem Topf erhitzen. Die Zwiebel- und Knoblauchwürfel darin andünsten. Die Tomatenwürfel hinzufügen, nach Belieben Tomatenmark unterrühren. Dann mit Salz und gemahlenem Pfeffer würzen. Die Tomatenmasse zum Kochen bringen und zugedeckt etwa 15 Minuten bei schwacher Hitze leicht kochen lassen, dabei gelegentlich umrühren.

3. Die Sauce nach Belieben pürieren, mit Salz, gemahlenem Pfeffer, Zucker, Essig und Oregano abschmecken.

TIPPS:

Sollte die fertige Sauce noch zu flüssig sein, lassen Sie sie entweder bei mittlerer Hitze noch etwas einkochen oder binden Sie die Sauce mit veganem hellen Saucenbinder.
Statt mit frischen Tomaten können Sie die Sauce auch mit 800 g geschälten Tomaten aus der Dose zubereiten, den Saft dabei mitverwenden.
Die Zugabe von Tomatenmark macht die Sauce sämig.

REZEPTVARIANTEN:

Für eine **Tomaten-Gemüse-Sauce** (im Foto oben) 1 Bund Suppengrün putzen, abspülen, abtropfen lassen und klein schneiden. 1 Esslöffel Suppengrünwürfel zum Garnieren beiseitelegen. Restliches Suppengrün mit 1 abgezogenen, gewürfelten Zwiebel und 1 abgezogenen, gewürfelten Knoblauchzehe in 2–3 Esslöffeln Olivenöl andünsten. 1 Lorbeerblatt und 125 ml vegane Gemüsebrühe hinzugeben. Die Sauce zum Kochen bringen und zugedeckt etwa 15 Minuten bei schwacher Hitze kochen. 800 g geschälte Tomaten aus der Dose mit dem Saft hinzugeben und weitere etwa 5 Minuten kochen. Das Lorbeerblatt entfernen. Die Sauce pürieren, mit Salz, gemahlenem Pfeffer und Zucker abschmecken. Die Sauce mit beiseitegelegten Suppengrünwürfeln garniert servieren.
Für eine **würzige Tomatensauce** 3 kleine Zwiebeln abziehen, klein würfeln. 4 Esslöffel Olivenöl in einem Topf erhitzen. 400 g geschälte Tomaten (aus der Dose) hinzugeben, zum Kochen bringen und etwa 20 Minuten kochen lassen. 1 Esslöffel Tomatenmark unterrühren. Mit etwa ½ Esslöffel Zucker, etwa ½ Teelöffel Paprikapulver rosenscharf, Salz und gemahlenem Pfeffer würzen.
Die Tomatensauce mit einigen entsteinten, klein geschnittenen Oliven und abgespülten, trocken getupften Thymianblättchen verfeinern.

TORTELLINI-EINTOPF

Zubereitungszeit: 35 Minuten
Garzeit: 25–30 Minuten

ZUTATEN FÜR 4 PORTIONEN

2 mittelgroße Zwiebeln, 2 Knoblauchzehen
1 Bund Suppengrün (Möhre, Sellerie, Lauch)
1 kleine Zucchini
4 Tomaten
2 EL Olivenöl, 1 TL Tomatenmark
1 l heiße vegane Gemüsebrühe
200 g Zuckerschoten
250 g vegane Tortellini (aus dem Frischeregal)
1 Bund Petersilie

FÜR DIE BRÖSEL-ÖL-MISCHUNG:

100 g vegane Weißbrotreste
oder grobe Semmelbrösel
1 EL Olivenöl

1 Msp. Cayennepfeffer

PRO PORTION:

E: 14 g, F: 14 g, Kh: 48 g, kcal: 380

1. Zwiebeln abziehen und fein würfeln. Knoblauch abziehen und durch eine Knoblauchpresse drücken oder sehr fein würfeln. Suppengrün putzen, abspülen, abtropfen lassen und in kleine Stücke schneiden. Die Zucchini abspülen, abtrocknen und die Enden abschneiden. Zucchini der Länge nach halbieren und in dünne Scheiben schneiden.

2. Tomaten kreuzweise einschneiden und mit kochendem Wasser übergießen. Nach 1–2 Minuten herausnehmen und mit kaltem Wasser abschrecken. Tomaten enthäuten, halbieren und die Stängelansätze herausschneiden. Die Tomaten entkernen und das Fruchtfleisch fein würfeln.

3. Das Olivenöl in einem Topf erhitzen. Tomatenmark, Zwiebelwürfel und Knoblauch darin kurz andünsten. Suppengrünstücke hinzugeben und unter Rühren mitdünsten lassen, mit Salz würzen.

4. Die Zucchinischeiben, Tomatenwürfel und die Brühe hinzugeben.

5. Die Zutaten zum Kochen bringen und zugedeckt bei mittlerer Hitze etwa 20 Minuten köcheln lassen, dabei gelegentlich umrühren.

6. In der Zwischenzeit von den Zuckerschoten die Enden abschneiden, evtl. abfädeln. Zuckerschoten abspülen und abtropfen lassen.

7. Die Zuckerschoten und Tortellini in den Topf geben. Den Eintopf einmal kurz aufkochen. Zuckerschoten und Tortellini darin bei schwacher Hitze in 5–10 Minuten gar ziehen lassen (Achtung: dabei die Packungsanleitung der Tortellini beachten).

8. In der Zwischenzeit Petersilie abspülen, trocken tupfen und die Blättchen von den Stängeln zupfen. Blättchen sehr fein schneiden.

9. Weißbrotreste sehr grob reiben. Anschließend in einer Pfanne ohne Fett erhitzen. Die Weißbrot- oder Semmelbrösel hineingeben, mit Olivenöl beträufeln und bei mittlerer Hitze unter ständigem Rühren goldbraun rösten. Brösel-Öl-Mischung auf einen Teller geben.

10. Den Tortellini-Eintopf mit Salz und Cayennepfeffer abschmecken, mit Petersilie bestreuen und dazu die Brösel-Öl-Mischung servieren.

TIPPS:

Die Brösel-Öl-Mischung können Sie auch auf Vorrat zubereiten und in dicht schließenden Gefäßen, z. B. Schraubgläsern, trocken gestellt aufbewahren.
Statt Suppengrün können Sie auch 2 gelbe Möhren (Foto), 1 Stück Knollensellerie und ½ Stange Lauch verwenden.

TRAUBEN-APFEL-SALAT MIT KAPERN

Zubereitungszeit: 30 Minuten, ohne Abkühl- und Durchziehzeit

ZUTATEN FÜR 8 PORTIONEN

ZUM VORBEREITEN:

4 EL Sonnenblumenkerne

FÜR DEN SALAT:

1 ¼ kg kernlose helle Weintrauben
4 EL abgetropfte Kapern (aus dem Glas)
4 große süßliche Bio-Äpfel, z. B. Red Delicious

FÜR DIE MARINADE:

4 EL Sonnenblumenöl
2 EL Apfelessig
½ TL Voll-Rohrzucker

PRO PORTION:

E: 3 g, F: 8 g, Kh: 32 g, kcal: 228

1. Zum Vorbereiten die Sonnenblumenkerne in einer Pfanne ohne Fett unter Wenden goldbraun rösten, auf einen Teller geben und erkalten lassen.

2. In der Zwischenzeit die Weintrauben abspülen, abtropfen lassen und entstielen. Die Weintrauben je nach Größe längs halbieren oder vierteln und mit den Kapern in einer Schüssel mischen.

3. Die Äpfel heiß abwaschen, abtrocknen, vierteln und die Kerngehäuse herausschneiden. Apfelviertel zuerst in Spalten, dann quer in Stücke schneiden. Die Apfelstücke und Sonnenblumenkerne mit den Weintrauben und Kapern vorsichtig vermischen.

4. Für die Marinade Sonnenblumenöl mit Apfelessig, Salz, gemahlenem Pfeffer und Zucker verrühren und über den Salat gießen. Den Salat zugedeckt etwa 30 Minuten durchziehen lassen.

5. Den Salat vor dem Servieren nochmals mit den Gewürzen abschmecken.

TRAUBEN-TRIFLE

Zubereitungszeit: 30 Minuten, ohne Durchzieh- und Kühlzeit

ZUTATEN FÜR 4 PORTIONEN

je 150 g kernlose blaue und grüne Weintrauben
25 g Agavendicksaft
200 g Sojajoghurt (natur)
1 Pck. Bourbon-Vanille-Zucker
1 TL Zitronensaft
80 g vegane Schoko-Orangen-Dinkelkekse
200 g sehr gut gekühlte Sojacreme zum Aufschlagen
1 Pck. veganes Sahnesteif
evtl. einige zerbröselte vegane Schoko-Orangen-Dinkelkekse

PRO PORTION:

E: 6 g, F: 14 g, Kh: 35 g, kcal: 298

1. Weintrauben abspülen, abtropfen lassen, entstielen und halbieren. Weintrauben mit Agavendicksaft verrühren, etwa 15 Minuten durchziehen lassen.

2. Sojajoghurt mit Vanille-Zucker und Zitronensaft verrühren. Die Dinkelkekse grob hacken.

3. Die sehr kalte Sojacreme in einem hohen Rührbecher mit Sahnesteif cremig aufschlagen und mit einem Schneebesen unter die Joghurtmasse heben.

4. Je 1 Esslöffel Keksbrösel und Weintrauben mit Saft in 4 Dessertgläsern verteilen. Dann etwa 2 Esslöffel von der Joghurtcreme daraufgeben. Die restlichen Keksbrösel und Weintrauben mit Saft – bis auf 1 Esslöffel – auf die Joghurtcreme schichten und mit der restlichen Creme bedecken.

5. Die restlichen Weintrauben auf dem Trifle verteilen. Das Dessert etwa 30 Minuten in den Kühlschrank stellen.

6. Trauben-Trifle nach Belieben mit einigen fein zerbröselten Keksen bestreut sofort servieren.

UNGARISCHER SCHMORTOPF NACH SZEGEDINER ART

- Zubereitungszeit: 25 Minuten, ohne Marinierzeit
  Garzeit: 30–40 Minuten
- ▲ Mit Alkohol

ZUTATEN FÜR 4 PORTIONEN

500 g abgetropfter Seitan (Weizeneiweiß-Protein, bitte beim Einkauf beachten, ob die Mischung bereits gewürzt ist)
2 Knoblauchzehen
2 EL vegane Sojasauce
100 ml Orangensaft
2 kleine Lorbeerblätter
2 Zwiebeln
1 kleines Bund Suppengemüse (etwa 400 g)
2 EL Pflanzenöl, z. B. Rapsöl, Oliven- oder Sonnenblumenöl
1 EL Tomatenmark
150 ml trockener veganer Rotwein (ersatzweise vegane Gemüsebrühe)
2 Stängel frischer oder 1 TL gerebelter Majoran
350 g abgetropftes Sauerkraut
150 ml Pflanzencreme zum Kochen, z. B. Soja- oder Hafercreme zum Kochen
1 Prise grob geschrotete Chilischoten oder Cayennepfeffer

PRO PORTION:

E: 97 g, F: 10 g, Kh: 28 g, kcal: 626

1. Seitan in etwa gulaschgroße Würfel (etwa 2 x 3 cm) schneiden. Knoblauch abziehen, fein würfeln. Sojasauce (sofern der Seitan laut Packung bereits gewürzt ist, ggf. reduzieren), Orangensaft, Lorbeerblätter und Knoblauch in einer Schale mischen.

2. Seitanwürfel untermischen, etwa 2 Stunden durchziehen lassen. Dabei öfter durchrühren.

3. Zwiebeln abziehen, in Würfel schneiden. Suppengemüse putzen bzw. schälen, abspülen, abtropfen lassen. Möhren, Sellerie und Lauch in feine Würfel schneiden.

4. Seitan abtropfen lassen, die Marinade dabei auffangen. Seitanwürfel mit Küchenpapier trocken tupfen.

5. Das Pflanzenöl in einem Schmortopf erhitzen. Die Seitanwürfel darin von allen Seiten anbraten, herausnehmen und beiseitestellen.

6. Zwiebel-, Möhren- und Selleriewürfel im verbliebenen Bratfett unter Wenden anbraten. Tomatenmark unterrühren und alles kräftig braun anrösten. Die beiseitegestellten Seitanwürfel wieder untermischen.

7. Mit etwa einem Drittel der Marinierflüssigkeit ablöschen und ohne Deckel nahezu einkochen lassen. Dann 150 ml Wein in etwa 3 Portionen hinzugießen, jeweils ebenfalls fast vollständig einkochen. Majoran abspülen, trocken tupfen und die Blättchen von den Stängeln zupfen, Blättchen klein schneiden.

8. Restliche Marinierflüssigkeit und 300 ml Wasser hinzugießen. Mit Majoran würzen. Alles bei schwacher Hitze zugedeckt etwa 20 Minuten schmoren.

9. Sauerkraut unter das Seitan-Gulasch mischen, wieder zum Kochen bringen und weitere 10–20 Minuten bei schwacher Hitze kochen lassen.

10. Gulasch evtl. ohne Deckel noch etwas einkochen lassen. Pflanzencreme unterrühren. Den Schmortopf mit gemahlenem Pfeffer, nach Belieben Chili oder Cayennepfeffer und evtl. vorsichtig noch etwas Salz abschmecken. Mit frischem Majoran bestreut anrichten.

BEILAGE:

Salzkartoffeln.

VANILLEPUDDING MIT ERDBEER-RHABARBER-KOMPOTT

Zubereitungszeit: 30 Minuten, ohne Kühlzeit

ZUTATEN FÜR 4 PORTIONEN

FÜR DEN VANILLEPUDDING:

1 Vanilleschote
60 g Maisstärke
800 ml ungesüßter Sojadrink (natur)
50 g Voll-Rohrzucker

300 g junger Rhabarber
100 g Voll-Rohrzucker
250 g Erdbeeren
evtl. einige Minzeblättchen

PRO PORTION:

E: 8 g, F: 4 g, Kh: 35 g, kcal: 212

1. Für den Pudding die Vanilleschote längs halbieren und das Mark mit einem Messerrücken herausschaben.

2. Die Maisstärke mit 1 Tasse Sojadrink anrühren. Den restlichen Sojadrink mit Zucker, Vanilleschote und -mark in einem Topf zum Kochen bringen.

3. Angerührte Maisstärke in den von der Kochstelle genommenen Sojadrink rühren und unter Rühren aufkochen lassen.

4. Den Topf von der Kochstelle nehmen und die Vanilleschote entfernen.

5. Den Vanillepudding in kalt ausgespülten Puddingschalen verteilen, zugedeckt leicht abkühlen lassen und anschließend in den Kühlschrank stellen.

6. Rhabarber nach Belieben abziehen. Stangen abspülen, abtropfen lassen, Stielenden und Blattansätze entfernen. Die Stangen in etwa 3 cm lange Stücke schneiden.

7. Den Zucker mit 125 ml Wasser in einem Topf zum Kochen bringen. Die Rhabarberstücke darin etwa 3 Minuten kochen lassen, sodass die Stücke nicht zerfallen.

8. Rhabarberstücke sofort aus dem Topf nehmen, abkühlen lassen und in den Kühlschrank stellen.

9. Die Erdbeeren putzen, abspülen, abtropfen lassen, entstielen und vierteln. Erdbeerstücke mit den Rhabarberstücken vorsichtig vermischen.

10. Erdbeer-Rhabarber-Kompott auf dem Vanillepudding verteilen und nach Belieben mit abgespülten, trocken getupften Minzeblättchen garnieren.

REZEPTVARIANTE :

Für ein **Vanille-Beeren-Porridge** (1 Portion) 3 gehäufte Esslöffel Haferflocken, 250 ml Wasser, 1 Gewürznelke und 1 Teelöffel Bourbon-Vanille-Zucker in einem Topf zum Kochen bringen. Die Haferflocken zugedeckt etwa 10 Minuten bei schwacher Hitze quellen lassen. 150 g gemischte Beeren, z. B. Erdbeeren, Brombeeren, Heidelbeeren, verlesen, entstielen, vorsichtig abspülen und abtropfen lassen. Die Gewürznelke aus dem Porridge entfernen. 1 Prise Salz und 1–2 Teelöffel braunen Voll-Rohrzucker unterrühren. Porridge in einen Suppenteller füllen. 100 ml Mandelmilch erwärmen und darübergießen. Die Beeren hinzugeben.

VEGGIE-SUMMER-ROLLS

Zubereitungszeit: 90 Minuten, ohne Abkühlzeit

ZUTATEN FÜR 12 PORTIONEN (36 ROLLEN)

100 g Glasnudeln
200 g Brechbohnen
200 g Zuckerschoten
2 Möhren (etwa 250 g)
½ Stange Lauch (etwa 120 g)
1 Bund Radieschen (etwa 350 g)
4 Kästchen Shiso-Kresse
36 Blätter Reispapier (ø 22 cm)
200 ml süß-scharfe Chilisauce
200 ml vegane Sojasauce

PRO PORTION:

E: 3 g, F: 0 g, Kh: 31 g, kcal: 154

1. Die Glasnudeln nach Packungsanleitung zubereiten und erkalten lassen, eventuell in Stücke schneiden.

2. Von den Bohnen und Zuckerschoten die Enden abschneiden. Bohnen und Zuckerschoten eventuell abfädeln, abspülen, abtropfen lassen. Die Bohnen je nach Länge eventuell halbieren.

3. Salzwasser in einem Topf zum Kochen bringen. Die Bohnen und Zuckerschoten darin nacheinander bissfest garen. Bohnen und Zuckerschoten jeweils in ein Sieb geben, mit eiskaltem Wasser abschrecken und erkalten lassen. Die Zuckerschoten längs in dünne Streifen schneiden.

4. Die Möhren putzen, schälen, abspülen, abtropfen lassen und in dünne, etwa 10 cm lange Streifen schneiden. Lauch putzen, die Stange längs halbieren, gründlich waschen und abtropfen lassen. Lauch ebenfalls in dünne, etwa 10 cm lange Streifen schneiden.

5. Die Radieschen putzen, abspülen, abtropfen lassen und in Scheiben hobeln. Kresse abspülen, mit einer Küchenschere abschneiden und gut auf Küchenpapier abtropfen lassen.

6. Die Reispapierblätter einzeln etwa 45 Sekunden in lauwarmes Wasser tauchen, bis die Blätter weich sind. Je 1 Reisblatt auf ein Geschirrtuch legen. Darauf jeweils etwas Kresse, einige Radieschenscheiben und Glasnudeln in die Mitte des Reisblattes geben. Darauf 3–4 Bohnenstücke und etwas von den Gemüsestreifen legen, 1 gestrichenen Teelöffel Chilisauce daraufträufeln.

7. Reisblätter links und rechts auf die Füllung einschlagen, mithilfe des Geschirrtuches stramm aufrollen. Auf diese Weise nacheinander insgesamt 36 Röllchen zubereiten.

8. Die Röllchen auf der Naht mit einem kleinen Abstand auf eine Platte legen und mit einem feuchten Geschirrtuch zudecken. Die Röllchen aber nicht übereinanderlegen, da sie sonst zusammenkleben.

9. Zum Servieren die Röllchen mit Sojasauce und restlicher Chilisauce zum Dippen reichen.

TIPPS ZUM VORBEREITEN:

Die Röllchen können 5–6 Stunden vor dem Servieren fertig zubereitet werden. Damit die Röllchen nicht austrocknen, das feuchte Geschirrtuch zusätzlich mit Frischhaltefolie bedecken. Röllchen kühl stellen.
Oder die Glasnudeln und das Gemüse 3–4 Stunden vor dem Einwickeln vorbereiten und zugedeckt kühl stellen. Dann zum Einwickeln in die Reisblätter etwa 30 Minuten einplanen.

WEISSKOHLEINTOPF MIT KARTOFFELTALERN

- Zubereitungszeit: 50 Minuten
  Garzeit: Eintopf etwa 35 Minuten
  Garzeit: Kartoffeln etwa 20 Minuten
  Bratzeit: 4–5 Minuten

ZUTATEN FÜR 4 PORTIONEN

600 g mehligkochende Kartoffeln
800 g Weißkohl
1 große Stange Lauch
2 rote Paprikaschoten
6–8 EL Sonnenblumenöl
1 l vegane Gemüsebrühe
1 TL Kümmelsamen
4 EL Weizenmehl (Type 1050)
2 EL Sojamehl
½ Bund glatte Petersilie

PRO PORTION:

E: 16 g, F: 22 g, Kh: 46 g, kcal: 449

1. Die Kartoffeln unter fließendem Wasser abbürsten, knapp mit Wasser bedeckt, zugedeckt zum Kochen bringen und in etwa 20 Minuten gar kochen.

2. In der Zwischenzeit von dem Kohl die äußeren Blätter entfernen. Den Kohl je nach Größe halbieren oder vierteln. Kohlstücke abspülen und abtropfen lassen. Den Strunk herausschneiden, Kohl in feine Streifen schneiden.

3. Lauch putzen, die Stange längs halbieren, gründlich waschen und abtropfen lassen. Lauch zunächst in etwa 2 cm breite Stücke, dann längs in Streifen schneiden. Die Paprikaschoten halbieren, entstielen, entkernen und die weißen Scheidewände entfernen. Schotenhälften abspülen, abtropfen lassen und in mundgerechte Stücke schneiden.

4. Zwei Esslöffel Öl in einem Topf erhitzen. Lauchstreifen und Paprikastücke darin unter gelegentlichem Rühren bei mittlerer Hitze anbraten, mit Salz und gemahlenem Pfeffer würzen. Lauch und Paprika aus dem Topf nehmen.

5. Einen weiteren Esslöffel Öl in den Topf geben. Die Kohlstreifen darin bei mittlerer Hitze andünsten. Gemüsebrühe hinzugießen, mit gemahlenem Pfeffer und Kümmel würzen, alles aufkochen lassen und zugedeckt bei schwacher Hitze zunächst etwa 10 Minuten köcheln lassen.

6. Die garen Kartoffeln abgießen, mit kaltem Wasser abschrecken, abtropfen lassen und sofort pellen. Pellkartoffeln kurz abdampfen lassen, dann mit dem Kartoffelstampfer zerstampfen oder die Kartoffeln durch eine Kartoffelpresse drücken.

7. Nach den 10 Minuten Garzeit die Lauch- und Paprikastücke unter den Eintopf rühren. Die Zutaten nochmal kurz aufkochen lassen, dann bei schwacher Hitze zugedeckt weitere etwa 5 Minuten köcheln lassen.

8. Die Kartoffelmasse inzwischen mit den beiden Mehlsorten und ½ Teelöffel Salz verkneten. Aus dem Kartoffelteig kleine Taler (ø 3–4 cm) formen.

9. Restliches Öl in einer großen Pfanne erhitzen. Die Taler darin von beiden Seiten bei mittlerer Hitze in 4–5 Minuten hellbraun braten.

10. Petersilie abspülen, trocken tupfen. Die Blättchen von den Stängeln zupfen und fein hacken.

11. Die gehackte Petersilie unter den Eintopf rühren, mit den Gewürzen abschmecken. Kartoffeltaler 1–2 Minuten im Eintopf erwärmen.

WEISSKOHLSALAT, BUNT

Zubereitungszeit: 40 Minuten, ohne Durchziehzeit

ZUTATEN FÜR 6 PORTIONEN

300 g Möhren
500 g Weißkohl
4 süße Bio-Äpfel (etwa 500 g)
75 g Rosinen
125 ml Orangensaft (frisch gepresst)
3 EL Zitronensaft (frisch gepresst)
1 TL Currypulver
1 Msp. gem. Ingwer
1 Msp. gem. Koriander
3–4 EL Olivenöl

PRO PORTION:

E: 2 g, F: 6 g, Kh: 27 g, kcal: 190

1. Möhren putzen, schälen, abspülen, abtropfen lassen und auf einer Haushaltsreibe grob raspeln.

2. Von dem Weißkohl die äußeren Blätter entfernen. Kohl vierteln und den Strunk herausschneiden. Kohlviertel abspülen, abtropfen lassen und auf einem Gurkenhobel in feine Streifen hobeln.

3. Äpfel heiß abwaschen, abtrocknen, vierteln und entkernen. Apfelviertel mit der Schale grob raspeln.

4. Die vorbereiteten Salatzutaten in eine Schüssel geben und mit Rosinen vermischen.

5. Orangen- und Zitronensaft mit Salz, gemahlenem Pfeffer, Curry, Ingwer und Koriander verrühren, Olivenöl unterschlagen. Die Marinade zu den Salatzutaten geben und gut untermischen.

6. Den Salat etwa 30 Minuten durchziehen lassen, nochmals mit den Gewürzen abschmecken, anrichten und servieren.

WEIZEN-RISOTTO

Zubereitungszeit: 20 Minuten
Garzeit: etwa 40 Minuten

ZUTATEN FÜR 2 PORTIONEN

1 Zwiebel
1 Knoblauchzehe
½ Hokkaido-Kürbis
(etwa 300 g vorbereitetes Kürbisfruchtfleisch mit Schale, ohne Kerne und Fasern)
100 g Staudensellerie
175 g Weizenkörner (erhältlich im Reformhaus oder Naturkostladen)
1 ½ EL Olivenöl
250 ml vegane Gemüsebrühe
2–3 Stängel Petersilie
1–2 Msp. Currypulver

PRO PORTION:

E: 13 g, F: 10 g, Kh: 62 g, kcal: 386

1. Zwiebel und Knoblauch abziehen, beides in feine Würfel schneiden. Das Kürbisfruchtfleisch abspülen, abtropfen lassen und klein würfeln. Staudensellerie putzen, abspülen, abtropfen lassen und in dünne Scheiben schneiden. Weizenkörner in einem Sieb mit kaltem Wasser abspülen und abtropfen lassen.

2. Olivenöl in einem Topf erhitzen. Zwiebel- und Knoblauchwürfel darin andünsten. Weizenkörner hinzugeben und etwa 2 Minuten mitdünsten lassen. Die Gemüsebrühe nach und nach hinzugießen. Die Zutaten zugedeckt etwa 40 Minuten bei schwacher Hitze kochen lassen, dabei ab und zu umrühren.

3. Etwa 15 Minuten vor Garzeitende die Kürbiswürfel und Selleriescheiben mit der restlichen Brühe hinzugeben. Alles gut verrühren und das Risotto zugedeckt weitergaren, bis die Flüssigkeit komplett aufgesogen ist (evtl. die letzten 3–4 Minuten ohne Deckel fertig garen).

4. Petersilie abspülen, trocken tupfen und die Blättchen von den Stängeln zupfen. Blättchen fein hacken. Die gehackte Petersilie unter das Weizen-Risotto rühren, mit Salz, gemahlenem Pfeffer und Curry abschmecken.

WEIZENSUPPE MIT GETROCKNETEN STEINPILZEN

- Zubereitungszeit: 35 Minuten, ohne Einweichzeit
  Garzeit: etwa 70 Minuten

ZUTATEN FÜR 4 PORTIONEN

250 g Weizenkörner
20 g getrocknete Steinpilze
2 Zwiebeln (etwa 100 g)
3 EL Olivenöl
1 Msp. getrocknete Chiliflocken
½ TL gerebelter Thymian
1 l vegane Gemüsebrühe
2 Stangen Lauch (etwa 350 g)
250 g Strauchtomaten
3 Stängel Basilikum

PRO PORTION:

E: 11 g, F: 9 g, Kh: 42 g, kcal: 323

1. Die Weizenkörner in eine flache Schüssel geben, etwa 3 cm hoch mit Wasser übergießen und mindestens 12 Stunden einweichen.

2. Steinpilze kurz mit kaltem Wasser abspülen und abtropfen lassen. Eingeweichte Weizenkörner in einem Sieb abtropfen lassen.

3. Zwiebeln abziehen und in grobe Würfel schneiden. Olivenöl in einem Topf erhitzen. Zwiebelwürfel, Chiliflocken und Thymian darin andünsten. Weizenkörner hinzugeben und kurz mitdünsten lassen.

4. Die Steinpilze und Gemüsebrühe hinzugeben, zum Kochen bringen. Die Suppe zugedeckt etwa 60 Minuten bei schwacher Hitze kochen.

5. In der Zwischenzeit den Lauch putzen, die Stangen längs halbieren, gründlich waschen, abtropfen lassen und quer in etwa 1 cm breite Stücke schneiden.

6. Die Tomaten abspülen, abtrocknen, halbieren und die Stängelansätze herausschneiden. Tomatenhälften entkernen. Die Kerne durch ein Sieb streichen und den Saft auffangen. Tomatenhälften in Spalten schneiden.

7. Lauchstücke in die Suppe geben und etwa 5 Minuten mitgaren.

8. Basilikum abspülen und trocken tupfen. Die Blättchen von den Stängeln zupfen. Blättchen in Streifen schneiden.

9. Tomatenspalten mit dem aufgefangenen Tomatensaft in die Suppe geben und weitere etwa 5 Minuten bei schwacher Hitze kochen. Die Suppe mit Salz und gemahlenem Pfeffer abschmecken.

10. Basilikumstreifen kurz vor dem Servieren auf die Suppe streuen.

BEILAGEN:

Reichen Sie geriebenen veganen „Käse" zu der Suppe. Als Brotbeilage geröstetes veganes Fladenbrot servieren. Dafür etwa 8 dünne Scheiben (je etwa 30 g) Fladenbrot unter dem vorgeheizten Backofengrill kurz goldbraun rösten.

TIPPS:

Sie können auch andere getrocknete Pilze für die Weizensuppe verwenden, z. B. Pfifferlinge oder Kräuterseitlinge. Wer's asiatisch mag, nimmt Shiitakepilze. Im Handel werden auch getrocknete Pilzmischungen angeboten (z. B. aus Butterpilzen und Champignons), die ebenfalls für ein intensives Pilzaroma sorgen.
Schärfer wird die Suppe mit 1 frischen, gewürfelten Chilischote statt der getrockneten Chiliflocken.

WINTERSUPPE MIT GRAUPEN

- Zubereitungszeit: 55 Minuten, ohne Einweichzeit
  Garzeit: Graupen etwa 40 Minuten
  Garzeit: Suppe etwa 60 Minuten

ZUTATEN FÜR 4 PORTIONEN

250 g getrocknete kleine weiße Bohnen
150 g Perlgraupen
1 Zwiebel
5 Stängel Liebstöckel
3 l vegane Gemüsebrühe
1 Lorbeerblatt
50 g Staudensellerie
100 g Lauch
250 g Möhren
200 g Wirsing
100 g Backobst
4 EL frisch geschabter Meerrettich

PRO PORTION:

E: 23 g, F: 3 g, Kh: 68 g, kcal: 392

1. Die Bohnen in eine Schüssel geben, mit kaltem Wasser ganz bedecken und über Nacht einweichen.

2. Am nächsten Tag die Graupen in ein Sieb geben und so lange mit kaltem Wasser abspülen, bis das Wasser fast klar abläuft.

3. Wasser in einem Topf zugedeckt zum Kochen bringen, etwas Salz hinzugeben. Die Graupen darin etwa 40 Minuten kochen lassen. Anschließend in ein Sieb abgießen, mit kaltem Wasser abspülen und abtropfen lassen.

4. Inzwischen die eingeweichte Bohnen in einem Sieb abtropfen lassen. Die Zwiebel abziehen. Liebstöckel abspülen und trocken tupfen.

5. Gemüsebrühe mit den Bohnen, dem Lorbeerblatt, 2 Stängeln Liebstöckel und der ganzen Zwiebel in einem großen Topf zum Kochen bringen und ohne Deckel etwa 45 Minuten kochen lassen, bis die Bohnen weich sind. Dabei ab und zu den Schaum abschöpfen.

6. In der Zwischenzeit den Staudensellerie putzen, abspülen, abtropfen lassen und in dünne Scheiben schneiden. Lauch putzen, längs halbieren, gründlich waschen, abtropfen lassen und in dünne Streifen schneiden. Möhren putzen, schälen, abspülen, abtropfen lassen und in etwa 1 ½ cm große Würfel schneiden.

7. Wirsing putzen, halbieren und den Strunk herausschneiden. Von den Wirsingblättern die dicken Blattrippen entfernen. Wirsingblätter abspülen, abtropfen lassen und in mundgerechte Stücke schneiden. Das Backobst fein würfeln.

8. Die Zwiebel, das Lorbeerblatt und den Liebstöckel mit dem Schaumlöffel aus der Brühe nehmen.

9. Sellerie, Lauchstreifen, Möhren und Wirsing zu der Brühe mit den Bohnen in den Topf geben, mit Salz und gemahlenem Pfeffer würzen. Die Suppe wieder zum Kochen bringen und weitere etwa 15 Minuten ohne Deckel kochen lassen.

10. Von den restlichen Liebstöckelstängeln die Blätter abzupfen. Blätter grob zerschneiden. Die Graupen in die Suppe geben und miterhitzen. Zuletzt Backobstwürfel unterheben.

11. Die Suppe in Tellern anrichten und mit Meerrettich bestreut servieren.

WINTERWURZEL-KARTOFFEL-GEMÜSE

Zubereitungszeit: 30 Minuten
Garzeit: etwa 40 Minuten

ZUTATEN FÜR 4 PORTIONEN

400 g Pastinaken
600 g Möhren
750 g festkochende Kartoffeln
1 Zwiebel
einige Stängel Dill
1 TL Kümmelsamen
½ TL gem. Kurkuma (Gelbwurz)
250 ml vegane Gemüsebrühe

ZUSÄTZLICH:

2 Bratschläuche

PRO PORTION:

E: 6 g, F: 1 g, Kh: 42 g, kcal: 206

1. Pastinaken und Möhren putzen. Pastinaken, Möhren und Kartoffeln schälen, abspülen und abtropfen lassen. Pastinaken und Möhren in Scheiben schneiden. Kartoffeln in Stücke schneiden.

2. Zwiebel abziehen, halbieren und würfeln. Dill abspülen, trocken tupfen und die Spitzen von den Stängeln zupfen (einige Spitzen zum Garnieren beiseitelegen), Spitzen klein schneiden.

3. Die Gemüsescheiben und Kartoffelstücke mit den Zwiebelwürfeln in eine Schüssel geben. Dill und Kümmel untermischen, mit Salz, gemahlenem Pfeffer und Kurkuma würzen.

4. Den Backofen vorheizen.
Ober-/Unterhitze: etwa 200 °C
Heißluft: etwa 180 °C

5. Die Bratschläuche zunächst von einer Seite nach Packungsanleitung fest verschließen. Jeweils die Hälfte der Gemüse-Kartoffel-Mischung und der Brühe in die Bratschläuche füllen. Die Bratschläuche nach Packungsanleitung verschließen und nebeneinander auf ein Backblech legen.

6. Das Backblech in den vorgeheizten Backofen schieben. Das Gemüse mit den Kartoffeln **etwa 40 Minuten garen.**

7. Zum Servieren die Bratschläuche öffnen und das Winterwurzel-Kartoffel-Gemüse auf Tellern anrichten, mit den beiseitegelegten Dillspitzen bestreuen.

REZEPTVARIANTE:

Für ein **Wurzelsüppchen** (6 Portionen) 500 g mehligkochende Kartoffeln schälen, abspülen und abtropfen lassen. 250 g Petersilienwurzeln, 250 g Möhren und 250 g Kohlrabi putzen, schälen, abspülen und abtropfen lassen. Etwas vom jungen Kohlrabigrün beiseitelegen. Petersilienwurzeln und Möhren in dünne Scheiben schneiden. Kartoffeln und Kohlrabi längs vierteln und ebenfalls in dünne Scheiben schneiden. 1 Bund Frühlingszwiebeln (etwa 250 g) putzen, abspülen, abtropfen lassen und in 1 cm lange Stücke schneiden. 25 g frischen Ingwer schälen und fein hacken. 4 Esslöffel Olivenöl in einem großen Topf erhitzen. Die vorbereiteten Gemüsezutaten und den Ingwer darin etwa 15 Minuten unter gelegentlichem Rühren andünsten. Gemüse mit Salz, gemahlenem Pfeffer und geriebener Muskatnuss würzen. 2 Liter Gemüsebrühe hinzugießen, zum Kochen bringen und die Suppe etwa 30 Minuten leicht köcheln lassen. Beiseitegelegtes Kohlrabigrün abspülen und trocken tupfen. Zum Servieren die Suppe nochmals mit Salz, Pfeffer und Muskat abschmecken. Jede Suppenportion mit etwas Kohlrabigrün garniert servieren.

WIRSINGLASAGNE

Zubereitungszeit: 45 Minuten
Garzeit: 25–30 Minuten

ZUTATEN FÜR 4 PORTIONEN

FÜR DIE LASAGNE:

1 kg junger Wirsing
70 g abgetropfte getrocknete Tomaten (in Öl)
2 EL Tomatenöl (von den Tomaten)

FÜR DIE SAUCE:

100 ml vegane Gemüsebrühe
500 ml ungesüßter Soja-, Mandel- oder Reisdrink (natur)
200 ml Sojacreme zum Kochen
1 Schalotte, 45 g vegane Margarine
2 TL Tomatenmark
40 g Weizenmehl
ger. Muskatnuss

etwas vegane Margarine für die Form
9 vegane Lasagneplatten (ohne Vorkochen, etwa 165 g)

FÜR DIE KRUSTE:

25 g kernige Haferflocken
30 g Haselnusskerne
2 mittelgroße Zwiebeln
40 g vegane Margarine

PRO PORTION:

E: 21 g, F: 41 g, Kh: 57 g, kcal: 687

1. Für die Lasagne von dem Wirsing die äußeren welken Blätter entfernen. Den Kohl vierteln, abspülen, abtropfen lassen und den Strunk herausschneiden. Kohl in feine Streifen schneiden. Von den Tomaten das Öl auffangen und 2 Esslöffel abmessen. Tomaten in feine Streifen schneiden.

2. Das aufgefangene Öl von den Tomaten in einer großen Pfanne erhitzen. Die Wirsingstreifen evtl. in 2 Portionen hinzugeben, mit Salz und gemahlenem Pfeffer würzen und unter Rühren etwa 3 Minuten andünsten. Tomatenstreifen unterrühren.

3. Für die Sauce die Brühe mit Soja-, Mandel- oder Reisdrink und Kochcreme verrühren. 150 ml Brühemischung abmessen und zum Wirsing in die Pfanne geben. Den Wirsing zugedeckt 8–10 Minuten dünsten, bis der Wirsing um etwa die Hälfte zusammengefallen ist, dabei gelegentlich umrühren.

4. In der Zwischenzeit die Schalotte abziehen, fein würfeln. Die Margarine in einem Topf zerlassen. Die Schalottenwürfel darin glasig dünsten, Tomatenmark unterrühren, mit Mehl bestäuben und unterrühren. Restliche Brühemischung hinzugießen und mit einem Schneebesen durchschlagen. Dabei darauf achten, dass keine Klümpchen entstehen. Die Sauce zum Kochen bringen und etwa 3 Minuten kochen lassen, mit Salz, gemahlenem Pfeffer und Muskat würzen.

5. Den Backofen vorheizen.
Ober-/Unterhitze: etwa 180 °C
Heißluft: etwa 160 °C

6. Den Boden einer großen rechteckigen Auflaufform (gefettet) dünn mit einer Schicht Sauce bestreichen, darauf eine Schicht Lasagneplatten legen. Darauf etwa die Hälfte von dem Wirsinggemüse verteilen. Darauf nacheinander wieder Sauce, Lasagneplatten und Wirsing so einschichten, dass die oberste Lasagneschicht mit Sauce bedeckt ist.

7. Für die Kruste Haferflocken und Nusskerne in einer Pfanne ohne Fett unter Wenden rösten, bis sie anfangen zu duften. Die Haferflocken-Nuss-Mischung auf einen Teller geben.

8. Die Zwiebeln abziehen, zuerst in feine Scheiben schneiden, dann in Ringe teilen. Margarine in der Pfanne zerlassen. Die Zwiebelringe darin

glasig dünsten. Haferflocken-Nuss-Mischung hinzugeben, unterrühren und auf der Lasagne verteilen.

9. Die Form auf dem Rost in den vorgeheizten Backofen schieben. Die Lasagne **25–30 Minuten garen.**

WURZEL-KARTOFFEL-AUFLAUF

Zubereitungszeit: 30 Minuten
Garzeit: 60–70 Minuten

ZUTATEN FÜR 4 PORTIONEN

100 g Zwiebeln
3 EL Sonnenblumenöl
175 g Möhren
175 g Rote Bete
500 g Knollensellerie
750 g vorwiegend festkochende Kartoffeln
125 g veganer „Kochschinken“, z. B. auf Soja-Basis
500 ml Sojacreme zum Kochen
½ EL Kümmelsamen
½ EL gerebelter Majoran
ger. Muskatnuss
etwas vegane Margarine für die Form
50 g veganer Pizza-„Schmelzkäse“
½ Bund Schnittlauch
35 g Meerrettichwurzel

PRO PORTION:

E: 18 g, F: 36 g, Kh: 41 g, kcal: 573

1. Die Zwiebeln abziehen, halbieren und fein würfeln. Das Sonnenblumenöl in einer Pfanne erhitzen. Die Zwiebelwürfel darin unter Rühren goldbraun anbraten.

2. Möhren und Rote Bete putzen. Möhren, Rote Bete, Sellerie und Kartoffeln schälen, abspülen, abtropfen lassen und in feine Scheiben hobeln.

3. Veganen „Kochschinken“ fein würfeln. Die Zwiebelwürfel mit den gehobelten Gemüsescheiben, den veganen „Schinkenwürfeln“, der Sojacreme, Kümmel und Majoran mischen, mit Salz, gemahlenem Pfeffer und Muskat würzen.

4. Den Backofen vorheizen.
Ober-/Unterhitze: etwa 180 °C
Heißluft: etwa 160 °C

5. Die Gemüse-Kartoffel-Mischung in einer großen Auflaufform (gefettet) verteilen.

6. Die Form auf dem Rost in den vorgeheizten Backofen (unteres Drittel) schieben. Den Auflauf **etwa 35 Minuten garen.**

7. Dann den Pizza-„Schmelzkäse“ auf den Auflauf streuen. Den Auflauf **in weiteren 25–35 Minuten fertig garen.**

8. In der Zwischenzeit Schnittlauch abspülen, trocken tupfen und in Röllchen schneiden.

9. Den Meerrettich putzen, schälen, evtl. abspülen, abtropfen lassen und kurz vor dem Servieren fein reiben.

10. Den Auflauf mit Schnittlauchröllchen und Meerrettich bestreut servieren.

TIPP:

Probieren Sie den Auflauf statt mit veganem „Kochschinken“ doch einmal mit veganem „Kasseler“.

ZITRONEN-PASTA-SALAT

Zubereitungszeit: 25 Minuten

ZUTATEN FÜR 4 PORTIONEN

ZUM VORBEREITEN:

250 g vegane Nudeln, z. B. Rigatoni oder Penne

60 g schwarze Kalamata-Oliven, mit Stein
1 Bio-Zitrone (unbehandelt, ungewachst)
600 g Cocktailtomaten
4 Stängel Basilikum
3–4 EL Olivenöl
40 g abgetropfte Kapern (aus dem Glas)
¼–½ EL Chiliflocken
200 ml vegane Gemüsebrühe

PRO PORTION:

E: 10 g, F: 13 g, Kh: 50 g, kcal: 371

1. Zum Vorbereiten Wasser in einem großen Topf zugedeckt zum Kochen bringen. Dann Salz und Nudeln zugeben. Die Nudeln im geöffneten Topf bei mittlerer Hitze nach Packungsanleitung bissfest kochen, dabei gelegentlich umrühren. Anschließend die Nudeln in ein Sieb geben (nicht abschrecken!), gut abtropfen lassen.

2. Inzwischen die Oliven vom Stein schneiden. Die Zitrone heiß abwaschen, abtrocknen und die Schale mit einem Zestenreißer fein abschälen. Zitrone halbieren, den Saft auspressen und 4 Esslöffel davon abmessen.

3. Die Tomaten abspülen, abtrocknen, halbieren und evtl. die Stängelansätze herausschneiden. Basilikum abspülen, trocken tupfen und die Blättchen von den Stängeln zupfen. Blättchen grob schneiden.

4. Olivenöl in einer großen Pfanne erhitzen. Tomaten, Kapern, Oliven, Chiliflocken und Zitronenzesten darin etwa 1 Minute unter Rühren anbraten, mit Salz würzen. Die Zutaten mit dem abgemessenen Zitronensaft und der Gemüsebrühe ablöschen, dann auf die Hälfte einkochen lassen. Basilikum untermischen.

5. Die Zutaten mit der Pasta mischen. Den Zitronen-Pasta-Salat warm servieren.

ZUCCHINI-NUDELN

Zubereitungszeit: 30 Minuten
Grillzeit: 30–45 Minuten

ZUTATEN FÜR 6 PORTIONEN

2 kg dünne Zucchini
je ½ Bund Thymian und Rosmarin
4 Knoblauchzehen
100 ml Olivenöl

ZUSÄTZLICH:

Grillschalen (ohne Löcher)

PRO PORTION:

E: 6 g, F: 18 g, Kh: 7 g, kcal: 214

1. Zucchini abspülen, abtrocknen und die Enden abschneiden. Die Zucchini längs mit einem Sparschäler oder einer Aufschnittmaschine in dünne Scheiben schneiden.

2. Thymian und Rosmarin abspülen, trocken tupfen und die Blättchen und Nadeln von den Stängeln zupfen. Einige Thymian- und Rosmarinspitzen zum Garnieren beiseitelegen. Thymianblättchen und Rosmarinnadeln fein schneiden. Knoblauch abziehen und in kleine Würfel schneiden.

3. Zucchinischeiben in eine große Schüssel geben. Thymian, Rosmarin und Knoblauchwürfel hinzugeben, mit Salz und gemahlenem Pfeffer würzen. Das Olivenöl hinzugießen und alles vorsichtig vermischen.

4. Zucchinischeiben portionsweise in den Grillschalen verteilen. Die Grillschalen auf den Grillrost des heißen Grills stellen. Die Zucchini-Nudeln etwa 10 Minuten je Portion grillen, dabei ab und zu wenden.

5. Die gegrillten Zucchini-Nudeln am Rand des Grills warm halten. Zum Servieren dann mit den beiseitegelegten Kräuterspitzen garniert servieren.

BEILAGE:

Reichen Sie zu den Zucchini-Nudeln ein **Paprika-Chili**. Dafür jeweils 1 rote, gelbe und grüne Paprikaschote und etwa 125 g milde Chilischoten halbieren, entstielen, entkernen und die weißen Scheidewände entfernen. Die Schoten abspülen, abtropfen lassen und in Stücke schneiden. 150 g Cocktailtomaten abspülen, abtropfen lassen, halbieren und die Stängelansätze herausschneiden. Das Gemüse mit 100 ml Olivenöl vermischen und in einer erhitzen großen Pfanne oder einem Bräter unter gelegentlichem Rühren gut anbraten. Das Gemüse mit Salz, gemahlenem Pfeffer und Chiliflocken würzen. 125 ml vegane süße Chilisauce hinzugießen und das Paprika-Chili bei schwacher Hitze etwa 15 Minuten garen. Dabei ab und zu umrühren. Das Paprika-Chili lässt sich gut vorbereiten und kann zur Grillparty in Grillschalen (ohne Löcher) auf dem Grillrost mit erwärmt werden.

TIPP:

Die Zucchinischeiben können bereits am Vortag bis einschließlich Punkt 3 vorbereitet werden. Die Zucchini dann zugedeckt in den Kühlschrank stellen.

ZWIEBELN MIT BULGUR GEFÜLLT

Zubereitungszeit: 30 Minuten, ohne Quellzeit
Garzeit: etwa 45 Minuten

ZUTATEN FÜR 4 PORTIONEN

6 milde, weiße Zwiebeln (je etwa 150 g)
50 g Bulgur
2 große Tomaten
½ Bund Petersilie
2 EL Rosinen
2 EL gehobelte Haselnusskerne
etwas Zitronensaft
2 EL vegane Margarine für die Form
200 ml vegane Gemüsebrühe

200 g Portulak
200 g Cocktailtomaten
1 EL Himbeeressig
Agavendicksaft
1 EL Walnussöl
2 EL Sonnenblumenöl

PRO PORTION:

E: 7 g, F: 22 g, Kh: 28 g, kcal: 341

1. Die Zwiebeln abziehen und in kochendem Salzwasser etwa 15 Minuten vorgaren. Zwiebeln vorsichtig mit einer Schaumkelle herausnehmen, in ein Sieb geben, mit kaltem Wasser abschrecken und abtropfen lassen. Zwiebeln waagerecht halbieren. Zwiebelhälften mit einem Ausstecher aushöhlen, dabei einen Rand stehen lassen. Das ausgehöhlte Zwiebelfleisch klein schneiden.

2. Bulgur mit kochendem Wasser übergießen und etwa 10 Minuten quellen lassen. Anschließend Bulgur in einem Sieb abtropfen lassen.

3. Den Backofen vorheizen.
Ober-/Unterhitze: etwa 180 °C
Heißluft: etwa 160 °C

4. Die Tomaten abspülen, abtropfen lassen, vierteln und die Stängelansätze herausschneiden. Die Tomaten klein würfeln.

5. Petersilie abspülen, trocken tupfen und die Blättchen von den Stängeln zupfen, Blättchen in Streifen schneiden.

6. Bulgur mit dem klein geschnittenen Zwiebelfleisch, Tomatenwürfeln, Petersilienstreifen, Rosinen und Haselnusskernen vermischen. Mit Salz, gemahlenem Pfeffer und etwas Zitronensaft würzen. Die Bulgurmasse in den Zwiebelhälften verteilen.

7. Die gefüllten Zwiebeln in eine ofenfeste Form (gefettet) setzen, Brühe hinzugießen.

8. Die Form auf dem Rost in den vorgeheizten Backofen schieben. Gefüllte Zwiebeln **etwa 30 Minuten garen.**

9. In der Zwischenzeit Portulak putzen, abspülen, trocken tupfen. Die Tomaten abspülen, trocken tupfen, halbieren, die Stängelansätze herausschneiden.

10. Himbeeressig mit Agavendicksaft verrühren. Beide Öle unterschlagen. Mit Salz und gemahlenem Pfeffer würzen. Portulak mit den Tomatenhälften und dem Dressing vermischen.

11. Die gefüllten Zwiebeln mit dem Salat servieren.

REGISTER

AUFLÄUFE

AUFSTRICHE, DIPS UND SAUCEN

DESSERTS

FRÜHSTÜCKSGERICHTE

HÜLSENFRUCHTGERICHTE

KARTOFFEL- UND SÜKARTOFFELGERICHTE

NUDELGERICHTE

PFANNENGERICHTE

PIKANTES GEBÄCK

REIS- UND GETREIDEGERICHTE

SALATE

SUPPEN UND EINTÖPFE

VORSPEISEN UND SNACKS

Bei Fragen oder Anregungen wenden Sie sich bitte an folgende Telefonnummer +49(0)89-5482515-0 oder an kontakt@zsverlag.de

ISBN: 978-3-7670-1820-4
1. Auflage 2021

Projektleitung: Carola Reich
Redaktion: Annette Riesenberg, Natascha Sievers
Lektorat: Susanne Noll, Hennef
Rezeptentwicklung und -beratung:
Susanne Rath, Hamburg
Nährwertberechnungen: Nutri Service, Hennef, Angelika Ilies, Langen

Titelfotos:
Studio Diercks Media GmbH, Hamburg (7);
Kramp + Gölling, Reeßum-Platenhof (8)

Foodfotografie:
Barbara Bonisolli, München (S. 85, 138, 168);
Studio Diercks Media GmbH (Silje Paul, Kai Boxhammer), Hamburg (S. 6, 9, 11, 15, 16, 19, 20, 24, 30, 31, 33, 37, 42, 48, 53, 55, 57, 58, 62, 64, 66, 67, 68, 69, 71, 76, 77, 79, 80, 81, 84, 86, 87, 88, 89, 94, 95, 108, 109, 112, 121, 123, 129, 130, 131, 134, 137, 139, 147, 148, 150, 151, 156, 159, 172, 175, 181, 182, 187, 191, 196, 202, 208, 209, 211);
Eising Studio Food Photo & Video, München (S. 21, 29, 32, 43, 44, 54, 72, 73, 96, 107, 118, 177, 192);
Kramp + Gölling, Reeßum-Platenhof (S. 23, 38, 41, 47, 61, 74, 82, 93, 101, 104, 111, 116, 119, 125, 133, 136, 140, 143, 144, 153, 161, 162, 165, 167, 188, 198, 201, 205, 206);
StockFood Studios/Meike Bergmann (S. 51);
StockFood Studios/Katrin Winner (S. 102)
Antje Plewinski, Berlin (S. 5, 12, 13, 14, 26, 27, 34, 65, 90, 98, 103, 115, 126, 155, 170, 173, 178, 186, 195, 197);
Axel Struwe, Bielefeld (S. 18, 52, 135, 185);

Gestaltungskonzept:
seidldesign.com, Wolfgang Seidl, Stuttgart
Satz, Layout und Titelgestaltung:
Büro 18, Friedberg/Bayern
Producing: Jan Russok
Herstellung: Frank Jansen
Druck und Bindung: optimal media GmbH, Röbel

Kurze Wege schonen die Umwelt
Dieses Buch wurde in Deutschland gedruckt

Die Bücher und E-Books unter der Marke Dr. Oetker Verlag erscheinen als Lizenz in der ZS Verlag GmbH.
redaktion-oetker@zsverlag.de
www.facebook.de/Dr.OetkerVerlag

Die ZS Verlag GmbH ist ein Unternehmen der Edel SE & Co. KGaA, Hamburg.
www.zsverlag.de
www.facebook.de/zs-verlag

Die Autoren haben dieses Buch nach bestem Wissen und Gewissen erarbeitet. Alle Rezepte, Tipps und Ratschläge sind mit Sorgfalt ausgewählt und geprüft.